公扶研ブックレットNo.4

事例から考える
就労支援の基礎

～生活保護行政とケースワーク～

池谷秀登 編著

全国公的扶助研究会 企画・編集

萌文社

まえがき

　就労支援に悩みを感じているケースワーカーは多いのではないでしょうか。その理由のひとつに「働こうとしない」ように思われる人への対応の難しさがあると考えられます。

　被保護者が頑張ってくれるならばできる限りの支援をしたいと思っても、意欲がなく、求職活動状況を聞いてものらりくらりとした返事しかない場合や、約束の日に来所がない場合等もあるかと思います。

　また、就労の問題は保護要件にも関わりますから、いつまでもあいまいなままにしておくわけにもいかないようにも思われ、査察指導員などの上司から厳しい対応を求められることで、法27条による文書指示を行わなくてはならない場合もあるかもしれません。

　しかし、その世帯の生活状況を考えると保護の停廃止や世帯分離などの処分を本当に行ってよいのか迷うこともあると思います。このように、就労支援をストレスと感じているケースワーカーは多いと思われますが、一方で就労支援はケースワーカーにとり避けることのできない問題となっています。

　そこで就労支援を考えるために、経験年数の浅いケースワーカーを含めて就労支援に関心のあるケースワーカーを対象として本ブックレットを作成しました。

　本ブックレットでは、就労支援と保護要件である稼働能力の活用をどのように整理するのかを踏まえて、生活保護行政における就労支援をどのように考え、ケースワーカーはどのような姿勢が必要な

のかを事例に基づき検討をしています。さらにケースワーカーを支えるための就労支援システムを構築するための考え方についても検討を行いました。

　第1章では、生活保護行政における就労支援の対象者と、行政通知、裁判例などから稼働能力活用要件と就労支援の関係を検討しています。ここでは、生活保護の就労問題は保護要件の議論ではなく、支援の問題であること。また、就労意欲の低い人の問題は、一般に生じている「支援困難事例」の一類型であることから、ソーシャルワーク的対応が重要であることが述べられています。

　第2章では、ひとり親家庭を支援してきた事例から、就労支援にあたり必要な視点として「複数の支援者で支援する視点」「広い視野で支援する視点」「長期的に支援する視点」「就労と生活の両方を支援する視点」の4つを挙げています。

　そのうえで、ケースワーカーの役割を、利用者自らが求職活動をしようと思う環境を整え、それを阻害する課題を利用者と共に整理することではないかと報告がされています。

　第3章では、高校を卒業したばかりの若年層に対して、長期間かけて支援をした事例を検討しています。

　この実践からは「関係づくりの工夫」「新たなコミュニケーションツールの活用」「嘘を重ねてしまわないための関わり方」を教訓として挙げています。ケースワーカーが理解者、支援者となるためには相互に理解し、実態を把握し、信頼関係を作ることの必要性について報告がされています。

　第4章は、ケースワーカーの異動が頻繁なために就労支援の経験、教訓の蓄積が難しい福祉事務所職場の実態を直視したうえで、経験差や個人差があり職人的要素の強いケースワーク業務を、どのような組織を構築することでカバーすることができるかという課題につ

いてです。

　ここでは、どのような就労支援システムの構築が必要かについて検討がされ、就労支援を経済的自立、社会生活自立、日常生活自立の一体としてとらえることの重要性とともに、7項目の具体的手法を一体的に同時期に推進したことにより、実際に構築し運用を行った就労支援システムと、その成果を報告しています。

　本ブックレットは、生活保護行政における就労支援のあり方について、保護要件と就労支援の位置付けの整理を試みるとともに、その課題をケースワーカーの具体的な実践の事例、組織構築の事例に基づいて検討を行ないました。
　既に、各地の生活保護ケースワーカーによる優れた就労支援の実践については、編者による「生活保護と就労支援──福祉事務所における自立支援の実践──」(山吹書店)がありますが、同書と本ブックレットを共にお読みいただくことで、生活保護行政における就労支援の課題がより明らかになり、ケースワーカーによる具体的な就労支援の参考になるのではないかと考えます。

　本ブックレット作成にあたり、萌文社編集部の安納正世さんには大変お世話になりました。この場を借りて御礼申し上げます。

2016年7月　池谷秀登

もくじ

第1章　生活保護行政における就労支援とは……………9
1．保護要件としての能力活用と就労支援
2．保護要件としての就労
3．能力活用の裁判例
4．能力活用の保護要件機能
5．就労支援とソーシャルワーク
6．生活保護行政の就労支援

第2章　「働くこと」を支援するために大切な
　　　　　　　　　　ケースワーカーの視点…………26
1．はじめに
2．事例から学ぶ生活保護制度利用者に対する就労支援
3．生活保護ケースワーカーの就労支援の視点
4．おわりに

第3章　就労支援で学んだ
　　　　　　　　　ケースワーカーとして大切なこと…………38
1．はじめに
2．指導型の就労支援を行っていた頃
3．事例報告　～4年間の就労支援～
4．Aさんの就労支援を振り返って
5．まとめ　～意図的に信頼関係を創出する～

第4章　就労支援システムの構築と
　　　　　　　自立概念の具体化……………59

　1．就労支援（体制）の見直しのきっかけ
　2．就労支援システムの構築
　3．就労支援における3つの自立概念の具体化
　4．就労支援による想定外の好事例
　5．まとめ

※本文中の事例は、個人の特定を避けるため、必要な修正を行っていることをあらかじめご了承ください。

●イラスト ─── 田中律子

第1章
生活保護行政における就労とは
──保護要件としての就労と就労支援──

池谷秀登

1．保護要件としての能力活用と就労支援

　生活保護法（以下、法）は保護要件を「利用し得る資産、能力その他あらゆるものを、その最低限度の生活の維持のために活用すること」（法4条）と規定しています。ここでいわれている「能力」とは稼働能力を指します。つまり、利用し得る能力を活用することが保護の要件であることから、就労の問題は保護の要件に関わるものとされています。

　すると、就労支援とは保護要件を満たすための支援とも考えられることから、就労に積極的ではない要保護者に対しては、却下や保護廃止などの不利益処分が課されるという問題が生じます。

　一方で、就労支援にあたっては法27条の2による自立支援プログラム、法55条の6の被保護者就労支援事業等を根拠に様々な施策が行われています。

　法27条の2は「要保護者[1]から求めがあったときは、要保護者の自立を助長するために、要保護者からの相談に応じ、必要な助言をすることができる。」とされ、法55条の6は「保護の実施機関は、就労の支援に関する問題につき、被保護者からの相談に応じ、必要

1　被保護者とは現に保護を受けている者、要保護者とは現に保護を受けているといないとにかかわらず保護を必要とする状態にある者のことです（法6条）。

な情報の提供及び助言を行う事業（以下「被保護者就労支援事業」という）を実施するものとする。」と規定されています。いずれも要保護者を支援する規定であり、それに従わないことを理由に不利益処分はできないものと考えられます。すると、就労支援を保護要件を満たすための支援とだけ考えることには違和感が生じます。

そこで、本論では保護要件としての就労問題と就労支援について考えたいと思います。

2．保護要件としての就労
（1）能力活用の判断基準についての通知

保護要件である能力の活用は1950年施行の現行法に当初より規定されていましたが、その判断基準が示されていないことから、福祉事務所やケースワーカーにより異なる対応が行われてきたようです。しかし、2008年に判断基準が「稼働能力の活用」として、厚生労働省次官通知、局長通知として示され（生活保護手帳に掲載されています）、生活保護行政ではこれにより、稼働能力活用の有無を判断することとなりました（次ページ参照）。

（2）「稼働能力の活用」通知

次官通知では、稼働能力を最低限度の生活の維持のために活用させることとされており、局長通知では、次官通知を受けて稼働能力活用の判断基準を①稼働能力があるか否か、②その具体的な稼働能力を前提として、その能力を活用する意思があるか否か、③実際に稼働能力を活用する就労の場を得ることができるか否かの3点により判断をすることとしました。

局長通知をチャート化すると別掲（12ページ参照）のようになり、保護受給の可否に関わる保護要件の議論であることがわかります。

第4　稼働能力の活用
要保護者に稼働能力がある場合には、その稼働能力を最低限度の生活の維持のために活用させること。
　（生活保護法による保護の実施要領について厚生省発社第123号厚生事務次官通知）

第4　稼働能力の活用
1　稼働能力を活用しているか否かについては、①稼働能力があるか否か、②その具体的な稼働能力を前提として、その能力を活用する意思があるか否か、③実際に稼働能力を活用する就労の場を得ることができるか否か、により判断すること。
また、判断に当たっては、必要に応じてケース診断会議や稼働能力判定会議等を開催するなど、組織的な検討を行うこと。
2　稼働能力があるか否かの評価については、年齢や医学的な面からの評価だけではなく、その者の有している資格、生活歴・職歴等を把握・分析し、それらを客観的かつ総合的に勘案して行うこと。
3　稼働能力を活用する意思があるか否かの評価については、求職状況報告書等により本人に申告させるなど、その者の求職活動の実施状況を具体的に把握し、その者が2で評価した稼働能力を前提として真摯に求職活動を行ったかどうかを踏まえ行うこと。
4　就労の場を得ることができるか否かの評価については、2で評価した本人の稼働能力を前提として、地域における有効求人倍率や求人内容等の客観的な情報や、育児や介護の必要性などその者の就労を阻害する要因をふまえて行うこと。
　（生活保護法による保護の実施要領について社発第246号厚生省社会局長通知）

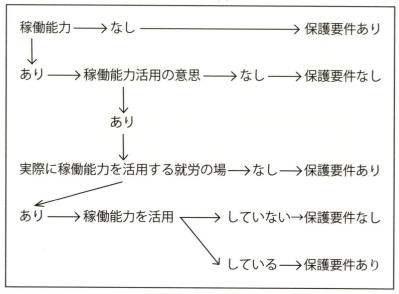

チャート図

筆者作成

　局長通知は、稼働能力の活用の判断について、必要に応じてケース診断会議や稼働能力判定会議等を開催するなど、組織的な検討を行うことを指示しています。

　そのうえで先ず、稼働能力の有無の判断では①年齢や②医学的な面からの評価だけでなく、③資格、④生活歴、⑤職歴　⑥等を把握分析して客観的かつ総合的に勘案する、こととしています。

　つまり、稼働年齢層であるとか、医師の診断だけで稼動できるとの判断をするのではなく、個人ごとに異なる資格、生活歴、職歴、等を加味した「客観的」「総合的」な判断を行うことが必要となります。稼働能力の判断は以降の判断に影響を与えるため、稼働能力が有るということだけではなく（無ければこの時点で能力活用要件はクリアーし、これ以上の議論は不要となります）、程度等も検討することが必要になります。しかし、ここではこの①〜⑥をどのよ

うに「客観的」「総合的」に評価するのかが示されていませんから、稼働能力の有無、程度の判断自体は難しいものとなります。

次に「稼動能力を活用する意思があるか否か」の判断へとすすみます。その判断は、評価した稼働能力を前提として真摯に求職活動を行ったかどうかを踏まえ行うこととされています。つまり、稼働能力の有無の評価では、その有無だけでなく程度の評価も必要ということになります。

ここでは、意思という人の内面が問題とされるのですが、人の内面は他人ではわからないことから、意思（内面）の判断方法が必要になります。そこで、意思の外形が表れたものとして求職状況報告書等の申告などにより①求職活動の実施状況を具体的に把握し、②評価した稼働能力を前提として、③真摯に求職活動を行ったかどうかを踏まえて行ないます。

しかし、ここに述べる「真摯」とは抽象的なものであり、求職活動をどのくらい、どのように行えば「真摯」なのかは、福祉事務所やケースワーカー個人の主観に負いやすいものとなります。

最後に「実際に稼働能力を活用する就労の場を得ることができるか否か」の評価をおこないますが、ここでは①評価した稼働能力を前提に、②地域の有効求人倍率、③地域における求人内容、④等の客観的な情報、⑤就労阻害要因を踏まえて行うこととします。

しかし、一般的な有効求人倍率を基に、個人毎に異なる稼働能力を前提にした、実際の「就労の場」の有無を判断することは無理があるように思われます。有効求人倍率は、地域の雇用状況を示しているとはいえ、1.0以上であっても就労ができないことや、1.0未満であっても就労できる人もいるからです。

このように考えると、通知の「稼働能力の活用」とは、「稼働能力の有無」の判断では年齢や医師の診断だけではなく、他の個人的

要因を含めることで、総合的、客観的にその程度まで判断することを求めていますが、稼働能力が「ある」とされた以降の判断基準は抽象的なものとなります。

その結果、「稼働能力を活用する意思」についての判断は、福祉事務所やケースワーカーの主観的なものになりやすく、福祉事務所やケースワーカーによって判断が異なることが生じかねず、同じ状況の要保護者がいても、保護されたりされなかったりが起きるということになります。

「稼働能力の活用の場」では、個人毎に異なる稼働能力を前提に、客観的情報や就労阻害要因を踏まえて検討を行うこととされており、有効求人倍率だけで評価されている訳ではないことに留意が必要です。

3．能力活用の裁判例
（1）稼働能力をめぐる裁判例の特徴

保護要件である「能力活用」をめぐっては、近年重要な裁判例が相次いで出されています。その特徴として、局長通知の①稼働能力の有無、②稼働能力活用の意思、③稼働能力活用の場の三要素に沿って判断をしたうえで、福祉事務所による却下、停止などの不利益処分が退けられていることが挙げられます。

そこで、各裁判例が局長通知の『稼働能力の活用』をどのように判断したのか、その要旨を見たいと思います。

（2）新宿ホームレス訴訟[2]

この裁判はホームレス状態の人の保護申請時の稼働能力活用要件

2　東京地方裁判所平成23年11月8日判決

が争われたものですが、福祉事務所は、稼働能力活用要件を満たしていないことを理由に却下した事件です。

裁判所は、稼働能力の活用要件を、生活困窮者がその具体的な稼働能力を前提として、それを活用する意思を有しているときには、当該生活困窮者の具体的な環境の下において、その意思のみに基づいて直ちにその稼働能力を活用する就労の場を得ることができると認めることができない限り、その利用し得る能力を、その最低限度の生活の維持のために活用しているものであって、稼働能力の活用要件を充足するということができると解するのが相当である、との判断枠組みをおこないました。

その上で、稼働能力の活用の場については、現に特定の雇用主がその事業場において当該生活困窮者を就労させる意思を有していることを明らかにしており、当該生活困窮者に当該雇用主の下で就労する意思さえあれば直ちに稼働することができるというような特別な事情が存在すると認めることができない限り、生活に困窮する者がその意思のみに基づいて直ちにその稼働能力を活用する就労の場を得ることができると認めることはできないというべきである、と述べています。

本件では、原告がその意思のみに基づいて直ちにその稼働能力を活用する就労の場を得ることができたと認めることはできない、と判断をしました[3]。

(3) 長浜訴訟[4]

派遣切りにあった労働者が、生活困窮に陥り保護申請をしたとこ

3　行政側は控訴しましたが、高等裁判所でも行政側の主張は認められませんでした（東京高等裁判所平成24年7月18日判決）。
4　大津地方裁判所平成24年3月6日判決

ろ、福祉事務所は、稼働能力不活用を理由に保護却下処分とした事件です。

　裁判所は局長通知と同様の判断枠組を示した上で、稼働能力を活用する意思の有無については保護申請者がその時点までに行い得るあらゆる手段を講じていなければ稼働能力を活用する意思がないとするのは相当ではなく、多少は不適切と評価されるものであったとしても、保護申請者の行う就職活動の状況から、当該保護申請者が就労して稼働能力を活用するとの真正な意思を有していると認められるのであれば、そのことをもって足りるというべきであると述べています。

　稼働能力を活用する就労の場が得られるかどうかは、保護申請者の稼働能力を前提として、具体的状況の下で、上記のような真正な就労の意思をもって就職活動を行えばその場を得られたといえるかどうかによって判断するのが相当であるとしました。その上で、原告にとってその稼働能力を活用する場があったと認めることは困難というほかない、と判断をしています。

(4) 岸和田訴訟[5]

　居宅生活をしている夫婦が生活困窮に陥り保護申請をしたところ、稼働能力の不活用を理由に保護却下処分とした事件です。

　ここでも裁判所は局長通知と同様の判断枠組を示しています。

　稼働能力を活用する意思があるか否かについては、申請者の有する資質は年齢や健康状態、生活歴、学歴等から千差万別である上、申請時におかれた困窮の程度も様々であることに鑑みると、申請者に対して、その時点において一般に行い得ると考えられるあらゆる

5　大阪地方裁判所平成25年10月31日判決

手段を講じていなければ最低限度の生活を維持するための努力をする意思があるとは認められないとすることは、申請者に不可能を強いることにもなりかねず、また国の責務として生活に困窮する国民に対する必要な保護を与えるとの理念にもとる事態を生じさせかねないものであって、相当ではないと述べています。

　稼働能力を活用する就労の場を得ることができるか否かについても、求人倍率等の数値から就労する場を得る抽象的な可能性があるといえる場合であっても、実際に申請者が就労を開始するためには、申請者からの求人側に対する申込み、求人側との面接、求人側による当該申請者を採用することの決定、両者の間での雇用契約の締結等が必要となるのであるから、最低限度の生活の維持のために努力をしている者であっても、求人側の意向等申請者の努力によっては如何ともし難い理由によって、就労の場を得ることができないことがあることは否定できず、そのような場合にまで、抽象的には就労の場を得ることが可能であるとして、保護を行うことを認めないとすることは、最低限度の生活の維持のために努力をしている者に対する保護を認めないことにほかならないと述べ、稼働能力を活用する就労の場を得ることができるか否かは、申請者の稼働能力の程度等も踏まえた上で、当該申請者が求人側に対して申込みをすれば原則として就労する場を得ることができるような状況であったか否かを基準として判断すべきものであるとしました。

（5）静岡市稼働能力訴訟[6]

　保護受給中の原告が福祉事務所の稼働能力活用の指示に従わなかったとして、保護停止処分を受けた事件です。

6　静岡地方裁判所平成26年10月2日判決

福祉事務所は、原告が会社の採用面接に行かなかったことや、ケースワーカーなどに就労意欲のないような発言を繰り返すと共に、ほぼ同時期に就労支援プログラムを受けた50代、60代の被保護者10名のうち9名（そのうち7名は何らかの疾患を有している）が就労先を確保したこと、パート職については、有効求人倍率が1を超えていることなどを挙げ、原告が稼働能力を活用しなかったと主張しました。

　これに対して裁判所は、当該生活困窮者が、その具体的な稼働能力を前提として、それを活用する意思を有しているときには、当該生活困窮者の具体的な環境の下において、その意思のみに基づいて直ちにその稼働能力を活用する就労の場を得ることができると認めることができない限り、なお当該生活困窮者はその利用し得る能力を、その最低限度の生活の維持のために活用しているものであって、稼働能力活用要件を充足するということができると解するのが相当であると述べています。

　そのうえで原告の状況を検討し、原告の有していた稼働能力の程度は、相当程度低いものであったと判断し、原告が求職活動中に見せていた態度等は、一般的な社会的規範に照らせば極めて不十分であり、まじめ、真剣、ひたむきな努力とは到底評価することができないものであったといわざるを得ないが、原告が複数の仕事に応募しながら結局採用に至らなかったのは、ほとんどは原告の就労意欲とは関係のない理由であり、原告の態度に問題があったことは否定できないものの、原告の求職活動が単なるポーズに過ぎないとまではいうことができない、との判断をしました。

　稼働能力活用の場については、具体的な環境の下において、その意思のみに基づいて直ちにその稼働能力を活用する就労の場を得ることができると認めることができない限り、稼働能力活用要件を満たしていると解するのが相当であり、稼働能力活用の場が認められ

るためには、一般的抽象的な就労可能性があるのみでは足りず、具体的かつ現実的な就労先が存在していることが認められなければならないと解すべきであると述べました。

また、福祉事務所が原告がその意思のみに基づいて稼働能力を活用することができる具体的な就労先が存在していることを何ら立証していない、と立証責任は福祉事務所にあるとしています。

この裁判は行政側が高等裁判所に控訴しましたが、高裁も行政側の主張を認めませんでした[7]。

高裁は、被控訴人が有する稼働能力は相当低く、そのような被控訴人が一応はハローワークにも赴き、求人に応じて面接を受けることも試みている上、就労支援プログラムへの参加を自ら選択して支援を受けるなどしていたのであって、十分なものではないが、有している稼働能力に対応する程度の求職活動を行っていた、と判断しました。そのうえで被控訴人の言動が一般的な社会道徳的、倫理的規範に照らして、不穏当なものがあり、誠実さ、真剣さ、ひたむきな努力に欠けていると評価されても仕方がないが、一般的な社会的規範の遵守が保護の要件とされているものではなく、また、求職活動に対する評価については、被控訴人の表面的な言動に捕らわれることなく、その稼働能力等に照らしながら、被控訴人の客観的な活動を評価すべきものであるから、被控訴人の不穏当な言動等をもって、直ちに稼働能力活用意思がないと判断すべき事情であると解するのは相当ではないとしました。

また、稼働能力活用意思は、生活困窮者の年齢、健康状態、職歴、生活歴等を踏まえ、稼働能力の程度や生活状況等を個別的に検討して、客観的な求職状況等に基づいて判断すべきものであり、個別的

7　東京高等裁判所平成27年7月30日判決

な事情が異なる他の被保護者との単純な比較及び相違の存在のみによって、被控訴人の稼働能力活用意思の有無を判断し得るものではないとも判断をしています。

4．能力活用の保護要件機能

　裁判例からは「稼働能力の有無」については総合的に検討した結果「有り」と判断した時には、その程度も具体的に判断することが求められています。次に「その能力を活用する意思があるか否か」では、被保護者個人毎の具体的な稼働能力の程度を前提とした求職活動状況の判断が必要となり、「実際に稼働能力を活用する就労の場を得ることができるか否か」では、被保護者が求人側に対して申込みをすれば原則として就労する場を得ることができ、具体的かつ現実的な就労先が存在していることを福祉事務所が挙証する必要があります。

　しかし、以上のすべてを福祉事務所が行うのは難しいのではないでしょうか。特に就労の場の判断に至っては、福祉事務所が被保護者を直接雇用するのでない限り（そのような対応をしている福祉事務所はほとんどないと思います）、要保護者が直ちに就労ができる具体的な場を福祉事務所が示すことなどはできないと思います。

　つまり、稼働能力活用要件を根拠に不利益処分を行うことは実際にはかなり難しいのです。これは、資産・収入等の様に数値として客観的に判断できるものと異なり、稼働能力という数値化が困難なものを、保護要件としたことに無理があるのだと思います[8]。

　また、稼働能力の活用が保護要件として問題になる状況では、それ以外の要件は充足している場合がほとんどであり（資産、収入が保護要件に抵触するならば稼働能力の議論をする必要がありませ

---

[8] 「能力の活用」が保護要件とされたことについては、戦前の救護法や旧生活保護法の考え方の影響があると考えますが、このことは別途述べたいと思います。

ん)、稼働能力活用の議論以外では要保護性が認められる状況なのです[9]。

しかし、法に能力活用が要件と明記してある以上、これをどのように理解、解釈するのかが問題でした。

局長通知に稼働能力の活用についての判断基準が示され、それを基に判断した裁判例をみることで、稼働能力活用要件により不利益処分を行うことは難しいことがわかります。このことは、具体的な事案において、能力活用は生活保護行政の運用の上では事実上「要件」としては機能しにくいのだと思われます。

5．就労支援とソーシャルワーク
(1) 生活保護の自立と就労支援

それでは、保護要件充足、あるいは保護要件確認とは異なる、就労問題を生活保護行政ではどのように考えるのでしょうか。

生活保護の目的は最低生活の保障と自立の助長です。自立助長については、歴史的に議論はあるものの、現在の生活保護行政では自立を就労による経済自立の他、日常生活自立、社会生活自立も含めて考えられています。

被保護者が、より多くの収入を得て経済的自立を達成するための就労支援が、自立目的達成のための支援であることは容易に理解できます。しかし、就労とは単に経済的な自立を得ることだけではなく、就労という社会参加をすることで社会生活自立、日常生活自立を得る側面も含まれています。

つまり、収入を得ることだけではなく要保護者一人ひとりが、その人にふさわしい就労を行うことを支援することが就労支援なので

9　稼働能力活用要件とは、保護から排除するか否かの機能しか持たない要件なのです。

す。したがって、収入を得るならばどのような仕事でもよい訳でもありませんし、給料の多寡だけで評価されるものでもありません。結果として、保護基準以上の収入を得て保護から脱却する人もいますし、就労ができても保護が継続される人もいます。

また、就労決定したかどうかがだけで評価されるものでもありません。求職活動を行い就労が決まれば本人はもちろん、ケースワーカーも嬉しいと思います。しかし、就労が決まらずとも求職へ向けて様々な行動を行うこと自体が、自立への契機であり評価されることなのです。

このように、生活保護行政の就労支援の目的とは、収入を得ることだけではなく社会参加の場を得るという認識も必要です。つまり、その人にふさわしい就労先、収入、仕事内容を実現するとともに、ふさわしい求職活動へ向けた支援なのです。

(2) 福祉事務所による就労支援の意義

本来、就労の支援はハローワーク等の労働行政の問題ですが、ここでは就労意欲があり、労働能力がある人が求職活動を行います。したがって、被保護者であっても意欲があり、労働能力がある人はハローワークなどの労働行政で求職をすることが多いと思います。

福祉事務所(生活保護行政)で行う就労支援とは、労働行政では対応が困難な要保護者を支援するということだと思います。つまり、就労意欲や労働能力が不十分な人が対象となります。

就労支援の難しさに、この就労意欲の低い要保護者の支援があります。就労意欲が低いということは、就労自体を拒んでいる様にも見え、その先にある様々な問題を解決するための議論に至らないということです。

働いたほうが経済的に「トク」なのに生活扶助だけで満足してい

る様に見える人がいます。扶助費だけでは日常生活をおくることがやっとですし、趣味や友人等との交際もままなりません。

　そこで、なぜ働かないのか、働く意欲がないのかの検討が必要になりますが、多くのケースワーカーはどのように支援を行うのかがわからず、困惑することが多いように思われます。

（3）ソーシャルワークとしての就労支援

　就労支援は、要保護者ごとの個別性が強く、年齢、家族、傷病、生活歴、職歴、学歴、労働スキル、意欲等の個人ごとに異なる問題と、求人側の賃金、労働内容、職場環境などの複合ですから、類型化、体系化が困難であり、個別事案ごとに様々なバージョンが生じます。

　また、稼働能力と稼動意欲、意思の問題は分解できるものではなく一体的なものと考えられるとともに、稼働能力とは労働のスキルだけではなく、コミュニケーション能力なども必要となります。

　意欲の低い人については、生活上の課題を有していることも考えられることから、「働かない」ことを生活上の課題として捉え、保護の目的である自立助長（経済的自立と共に社会生活自立、日常生活自立）の支援対象とする位置付けが必要となります。

　この様に考えると、就労意欲の低い人への支援とは、就労をめぐる問題以外にも生じている様々な「支援困難」事例と同様の見方ができます。

　例えば、不衛生な生活をしながら要介護状態にもかかわらず介護サービスを拒む高齢者がいます。介護サービスを利用した方が住み慣れた地域に安心して生活ができ、気持ちの良い生活が考えられますが拒む人です。また、通院を拒みトラブルを繰り返す精神疾患と思われる人もいます。近隣住民との軋轢を感じながら生活するよりも、通院治療をした方が本人自身も落ち着けるのではないかと思い

ますが、通院を拒み事態をより悪化させることがあります。
　この他にも暴力を繰り返されても配偶者と離れないDV被害者や、昼夜逆転の生活をしているひきこもりの人達など、ケースワーカーの支援が拒まれることも少なくなく、多くのケースワーカーはストレスを感じながら苦労しているのではないでしょうか。
　就労意欲のない人も同様なのです。ケースワーカーからみると、いずれも一見不合理におもわれますが、その原因を検討すると様々な要因があることがわかります。見方を変えると、就労意欲が低いこと自体が、何らかの社会生活上の課題を有していることがあり、就労意欲の低さが社会生活・日常生活上の課題発見の契機となることが多いのです。就労意欲の低さとはその人の課題を発見するバロメーターともいえるのではないでしょうか。
　これらの検討が本人への支援の始まりとなるのです。就労支援を行う中で生活上の課題がより明らかになり、支援を進める中でさらに新たな課題を発見することにもなります。このことが、生活保護が単なる経済給付だけでなく、ケースワーカーを配置することでソーシャルワークと一体化した理由そのものではないでしょうか。
　生活保護行政の就労支援とは、ソーシャルワークそのものであり、職の紹介ではすまないのです。支援には「手間」と「時間」がかかることが少なくありません。

6．生活保護行政の就労支援
　保護要件に能力活用が明記されていますが、能力活用は資産、収入と比べて客観的評価が難しく、見てきたように通知や裁判例からは不利益処分を行うことは難しいことがわかります。
　就労支援には、他の支援困難事例と同様に特効薬はありません。ところが、これまでは能力活用が保護要件とされていることで、ケー

スワーカーが「待つ」ことができず、不利益処分により保護から排除しケースワーカーの前から「消して」いたように思われます。

　しかし、却下や保護廃止をすれば就労を始めるとの実証はなく、保護からの排除によりその後の状況が分からないままで、その処分の妥当性の検証も行われていなかったのではないでしょうか。

　このようなことを繰り返してきたことで、生活保護行政における就労支援の積み重ねが薄く、共有化が十分に行われていなかったのです。

　生活保護行政の就労支援にあたっては、支援対象者の「働かない」「働けない」理由について検討を行い、その理由を理解することが重要となります。

　就労は要保護者の権利であり、要保護者が「働く権利」をどの様に行使できるように支援するのかという姿勢の下で、就労意欲が低い人については社会生活上の諸課題と深く関係していることを考えることが第一歩だと思います。

　この実践経験を蓄積し全国の福祉事務所、ケースワーカーの間で共有することが重要なのではないでしょうか。

第2章
「働くこと」を支援するために大切なケースワーカーの視点

松倉あゆみ

1．はじめに

　私は、社会福祉系大学卒業後、生活保護ケースワーカーとして実践を重ねています。これまで多くの利用者と出会い、それぞれが抱える課題に一緒に向き合い、取り組んできました。その中でも、苦労したりやりがいを感じたりと様々な思いをもって取り組んできたのが、就労支援です。

　ここでは、これまでの就労支援を振り返るとともに、「働くこと」を支援するために大切なケースワーカーの視点とは何かについて、考えたいと思います。

2．事例から学ぶ生活保護制度利用者に対する就労支援
（1）事例概要

　対象者は、40代の母子世帯の母親Aさんです。Aさんは、ケースワーカーとの面接の際、笑顔で受け応えをすることができ、社交的な面がみられます。そのため、就職の際の面接でもそれほど苦労することはなく、すぐに仕事が決まることが多くあります。しかし、人間関係につまずくとすぐに仕事を辞めてしまうということが多く、20代のころから、どの仕事も数ヶ月から1年くらいのスパンで転職を繰り返してきました。

また、Aさんは複数のことを同時に行うことが苦手であり、長女の学校関係の行事が立て込む等の状態になると他のことに手をつけることができません。その結果、福祉事務所からの連絡にも答えられないことが多々ありました。また、忙しくなると体調不良を訴え、通院を希望することもありました。しかし、数回通院すると「もう、大丈夫」と言い、通院を中断。長期的な通院にはなりません。

(2) 就労支援のはじまり

ある日、定期訪問のためAさんの家を訪ねました。長女は不在でしたが、長女の通学の様子や翌年に控えた高校受験について話を聞くことができました。この時、Aさんの不就労期間が1年以上になっていたことから、「娘さんが今後進学をしていくと、保護費ではお出しできないお金があります。少しでも蓄えができるように、お仕事をしてみてはいかがですか」と声掛けをしました。すると、Aさんからも「そろそろ仕事をしなくてはと考えていた。娘が成人するまでに生活保護を辞めたい」という考えを聞くことができました。

そこで、Aさんに日を改めて福祉事務所に来所してもらいました。そして、目標確認シート[1]への記入をしてもらいました。シートに記入をしながら、長女の部活動の手伝いを保護者が定期的に行っていることや、最近は体調が良いことなど、家庭や体調のことを確認することができました。また、少し離職期間が長くなっていたことから、まずはパートの仕事から探していきたいという希望を確認しました。

(3) 就労支援相談員との面接

目標確認シートの記入を通したアセスメントができたため、「不

---

1 目標確認シート:就労支援プログラム活用時にアセスメントのために使用。利用者の目標や課題、就労に関する希望等を確認する。

就労期間が長期化していることから、まずはこれまでの経験を活かした仕事を中心に就職活動を行い、主が安定して働くことができるよう支援する」という援助方針を立てました。そして、就労支援相談員に、目標確認シートの内容、Aさんのこれまでの簡単な経歴、援助方針を伝え、Aさんとの三者面談の日程を決めました。

　三者面談当日、Aさんは初対面の就労支援相談員との会話にも緊張した様子をみせず、積極的にこれまでの経験や自分の希望を伝えていました。この様子から、就労支援相談員も先に立てた援助方針に基づき支援することが適当であると判断し、生活保護受給者等就労自立促進事業活用プログラム[2]で、ハローワークの就労支援ナビゲーターを活用した就労支援を行うことになりました。その場でハローワークに連絡をして、Aさんがハローワークで面接をする日を決めました。

（4）就労開始

　就労支援プログラム開始後、一ヶ月ほどで、希望していた仕事でパートを開始しました。Aさんには、「就労決定おめでとうございます」と伝えるとともに、収入申告の必要性や基礎控除について説明をしました。Aさんは熱心に話を聞き、「久しぶりの仕事で不安はあるけど、頑張りたい」と話していました。

（5）離職

　しかし、数週間でAさんは退職してしまいました。理由を聞きたいと思い、ケースワーカー、就労支援相談員がそれぞれ電話をする

---

[2] 生活保護受給者等就労自立促進事業活用プログラム：就労意欲を有する利用者を対象に、就労支援相談員がハローワークの就労支援ナビゲーターと連携して就労支援を行う。

もつながらず、訪問をしても不在であることが続いていました。
　Aさんと連絡が取れなくなってしまったことを気にしつつも、手段なく途方に暮れていたある日、連絡なく突然Aさんが来所しました。来所理由は、長女の通院のための医療券の発行でした。しかし、少し面接ができないかを確認したところ、構わないとのことであったため、Aさんに了承の上、就労支援相談員に同席してもらい、面接を行いました。
　短期間で辞めてしまったパートの仕事について聞くと、Aさんは突然興奮した様子で就労先の人間関係の悪さや仕事の忙しさ等を訴え出しました。また、この仕事はハローワークで紹介された仕事であったため、ハローワークのことやハローワークを紹介した福祉事務所についても非難し出してしまいました。
　Aさんの突然の訴えに驚きながらもその他に何か困ったことがないかを聞くと、長女の部活動の手伝いが忙しく、またそこでの人間関係にも疲れていることや毎日が辛く眠れない日も多いことを話してくれました。
　その日は、Aさんの興奮した態度から落ち着いて話すことは難しいと判断し、面接を中断しました。そして、今日は帰ってゆっくり休み、もし眠れない日が継続するようであれば相談するよう助言しました。

（6）就労支援相談員との打ち合わせ
　Aさんの帰宅後、面接に同席した就労支援相談員と打ち合わせをしました。今回の面接で、Aさんの様子から仕事や長女の部活動の手伝い等、複数のことに追われ、辛い状況であることを確認することができました。この状況から、就労支援を継続することは難しいと判断し、就労支援は一時中断することに決めました。

（7）再度就労支援を開始

　それからしばらくして、再びAさんと面接を行いました。以前来所した時と比べて精神的に安定したのか、落ち着いて話をしていました。今年度は長女が高校受験を迎えるため、様子を聞きました。長女は勉強にそれほど一生懸命ではなく、高校進学は希望しているが希望する高校も決まっていない状態とのことでした。Aさんも長女の高校進学を応援したいと考え、高校見学には同行しようと考えていて、部活動の引退まではその手伝いも継続するということでした。Aさんからは、「仕事を探さないといけないと思うのだけど…」という発言もありました。しかし私は、長女の高校進学や部活動の手伝いで頭がいっぱいになっていると感じました。

　Aさんとの面接後、その内容を就労支援相談員に伝え、打ち合わせを行いました。打ち合わせの中で、これまでのAさんの様子から問題が重なると身動きが取れなくなり、辛くなってしまうことが多くあるということを振り返ることができました。そのため、「今年度は、娘さんが部活動を気持ちよく引退し、無事に高校に入学できることを中心に考えましょう。仕事のことは、その合間に少しずつ考えていきましょう」と提案することにしました。

（8）面接の継続

　Aさんに支援方針を伝え、それからの面接は長女の高校受験のことを中心にしていきました。塾代（板橋区被保護者自立支援事業実施要綱に基づき、次世代育成支援プログラム等による支援を受ける被保護世帯の児童・生徒に対して進学塾、夏季・冬季・直前集中講座、通信講座、補修講座等の受講費用を支給。支給限度額は、小学校4年生から中学2年生の児童生徒は年100,000円、中学3年生は年150,000円。）の支給が可能であることを伝え、希望校の確認

をし、貸付金の申請、受験に伴う各種支払について日程等の確認を一緒に行っていきました。また、長女との面接も行い、高校進学した際に支払われる高等学校等就学費の説明等を行いました。

そして、無事長女は希望校に合格することができました。

面接を重ねていたある日、ケースワーカーが少し席を離れた間に、Aさんは窓口に置いてある求人情報のチラシを手に取り熱心に眺めていました。しばらく仕事のことを聞かずにいましたが、Aさんのその様子から、「少し仕事のことを考えられるようになりましたか」と尋ねました。すると、Aさんは「娘が無事に進学したら、今度は自分が仕事できるように頑張らないと」と答えました。これまで、Aさんはどちらかというと就職活動には消極的で、自ら仕事を探そうという様子は見られませんでした。長女の高校進学が決まって少し余裕が出たのか、自らの就労についても考えることができるようになった様子でした。

長女が高校への通学を開始し、生活も落ち着いてきたタイミングで、再び就労支援を開始しました。その時、Aさんは「昨年度は長女の高校受験を中心に考えようと言ってもらえたことが本当にありがたかった」と話していました。

(9) 再び就労開始

その後、Aさんは積極的に就職活動を開始し、無事に就職することができました。また、最近では、「長女の高校卒業のことも考えないと」と先を見据えた発言を聞くこともできるようになりました。

3．生活保護ケースワーカーの就労支援の視点

Aさんの就労支援を通じて、生活保護制度における就労支援には、ケースワーカーが様々な視点をもって取り組まなければならないと

感じました。そこで、私は以下の4つの視点があると考えました。

(1) 複数の支援者で支援する視点

　Aさんの事例では、ハローワークの就労支援ナビゲーターの活用や、就労支援相談員と同席しての面接や情報共有をしながら就労支援を行ってきました。また、本事例での利用はありませんでしたが、他のプログラムを利用する場合でも、そのプログラムを実施する支援担当者と一緒に支援を行っていくことになります。Aさんについて、このまま就労支援を継続すべきかそうでないかの判断はとても難しいものでした。しかし、ケースワーカーの自分以外に直接Aさんと関わり、Aさんのことを知っている就労支援相談員からも判断について同意をしてもらえたことはとても力になりました。

　また、技能修得費の支給等についても判断が難しい場合は、就労支援相談員からアドバイスを受けることもできます。

　ケースワーカー以外の支援担当者の存在は、それぞれの見立てをすりあわせることで、より実効性の高い援助方針をもって支援することができるのではないかと考えました。利用者にとってもケースワーカー以外にも相談できる存在がいることはとても大切なことだと思います。利用者には、保護費を支給するケースワーカーには言いにくいことがあったり、年齢や性別から相談を控えることがあると思います。

　以前、私が担当していた利用者の方が就労以外のある課題を抱えていたことがありました。しかし、ケースワーカーの私には言いづらく、他の支援担当者に相談したことから大きな問題になる前に課題を解決することができました。

　このように、複数の支援者と支援を行うことで、利用者のことをより深く知ることができるとともに、利用者にとっても相談できる

相手が複数いることは安心感を得ることができるのではないかと考えました。

(2) 広い視野で支援する視点

　Aさんは、一見すると社交性があり、これまでの経験から求職活動をすれば、短期間で就労先を見つけることも可能であるように思われました。だからこそケースワーカーから就労について声掛けがあれば、すぐに応じるのでしょう。しかし、私はAさんの支援の中で、一度就労以外のことに目を向けてみることにしました。Aさんの場合は、長女の学校のことに多くの課題や悩みを抱えていました。今後本格化する長女の受験と、自分自身の就労を同時にこなしていくことはAさんには困難であると感じました。結果としては、1つ1つの課題について丁寧にこなしていくことで、Aさんが安心感をもって自分の課題に取り組むことができ、求職活動に向き合うことができたのではないかと感じました。

　ケースワーカーが利用者の課題に取り組む時、どうしても1つの課題に着目し、その課題を解決しようとしてしまいがちです。しかし多くの場合、利用者の抱える課題は複雑で、様々な問題が絡み合っています。就労支援をする時、ケースワーカーはどのように利用者の就労意欲を高めるか、仕事を探すか、面接に行ったか等に意識が向かってしまいます。もちろん、このような視点の全てが間違っているとは思いません。集中して就労支援を行うことも重要です。しかし、就労支援のみを行おうとすると、うまくいかないと感じる事が必ずあると思います。そして、「この人は意欲がないから、就職ができないのだ」と思い、支援に行き詰まりを感じてしまうこともあるでしょう。そのように感じる時は、ぜひ利用者を就労支援に留まらない広い視野でみつめてもらいたいのです。現在、仕事ができ

る状態か？　体調はどうか？　家族のことで何か不安を抱えていないか？等と、就労とは一見関係のないように思われることも、考えてみてもらいたいのです。就職活動がなかなか進まないのは、それ以外の課題に本人が捉われてしまっているからかもしれません。

　就労支援がうまくいかないと感じる時は、少し就労からは目を離し、利用者の生活全体の課題を見直してみることをおすすめします。

（3）長期的に支援する視点

　Aさんの事例は、就労支援開始から就職までは2年ほどの月日が必要でした。この期間を長いと感じるケースワーカーも多くいると思います。しかし、私は長期的にAさんと関わることを続けたからこそ、Aさんの抱える課題の整理を一緒にすることができたのだと思います。そして、課題を解決していくことで、Aさん本人が自ら就労に向き合うことができるようになったのではないかと感じています。

　ケースワークをしている中で、保護開始後早期の就労を目指すことの重要性を言われることが多くあります。もちろん、その視点も大切だと思います。貧困に陥り、生活を少しでも安定させたいのであれば、速やかに就労支援を開始することで、意欲が減退しないように支援することができることもあると思います。

　しかし、一律に同様の支援をすることが良い結果を生むとは思えません。利用者によって、働くことができるタイミングは様々であるということをこれまでの経験の中で感じてきました。ケースワークでは利用者1人ひとりの特性を意識した支援を行うという「個別性」を活かした支援が重要です。就労に向き合う理由や方法は様々だと思います。このため、就職活動開始から就労先決定までの期間を一律に定めることはできないと思います。ケースワーカーが利用者と関われるのは、利用者の人生のうちのほんの一部です。担当を

する数年間が利用者にとって働くことに積極的に取り組む時期かもしれませんし、そうではないかもしれません。また、自分というケースワーカーが支援している間は、直接的な就労支援ではなく、日常生活や社会生活に目を向けた支援をすることで、数年後には就労に向き合うことができるようになっているかもしれません。現在のみに捉われずに、数年間を見越した支援をする視点が就労支援には大切であると考えます。

(4) 就労と生活の両方を支援する視点
　Aさんへの就労支援の時、ケースワーカーである私がAさんの抱える生活上の課題（長女の部活動や進学）に目を向けていなかったらどのようなことになっていたでしょうか。恐らく、Aさんが最も不安に感じていたことに寄り添うことができず、Aさんとの関係性を構築することができなかったと思います。私は、この経験から就労支援を始めようという時に、就労に限らず利用者が課題と思っていることをできる限り確認するようにしています。そして、場合によっては、「この課題が片付いたら就職活動をする」という援助方針を立てることもあります。
　私は、経済的自立と日常生活・社会生活自立は相互に影響し合うものだと感じています。経済的自立をする、仕事をするということは、毎日決まった時間に起床し、身だしなみを整え、体力をつけるために適切な食事をとり、職場の人たちとコミュニケーションをとり仕事をすすめていくということです。以前、私が支援した方は、仕事を始めるまでは、身なりに全く気を使うことがなく、髪はボサボサに伸びたまま、洋服も着古したものばかりを着ていました。しかし、仕事が決まり働き始めることで、徐々に見た目にも変化が表れてきました。髪の毛を整え、洋服を新調し、福祉事務所に訪れた

時はとても驚いたことを今でも覚えています。「○○さん、とてもさっぱりして素敵ですね！」と声をかけると、「仕事で人に会うし、きれいにしていないとね…」と少し照れたように話している姿が印象的でした。仕事をせずにいた時は、周囲との関わりのない中で生活していた方だったので、仕事をすることで他者と関わることはこんなにも人に影響を与えるのだな、と感じた経験です。

就労と生活、どちらの支援から初めても良いと思います。例として挙げた利用者は生活支援をそれほどせずに就労支援を進めてきましたが、結果、生活にも影響を与えることになりました。大切なことは、就労、生活の両方の支援をする視点だと思います。

4．おわりに

近年、稼働年齢層が含まれる、いわゆる「その他世帯」は以前のような伸びはなくなりました。しかし、ケースワーカーが就労支援を行い、利用者の経済自立を支援する必要性については、国はもちろん、各職場でも多く取り上げられているのではないでしょうか。しかし、ケースワーカーは就労支援の専門家ではありませんし、多くの世帯を抱える中で就労支援と言われても何から取り組めばよいのかがわからず途方に暮れるケースワーカーの方々も多くいるのではないでしょうか。また、一見就労阻害要因がないように思える利用者がなかなか就労に至らず、ストレスを感じることもあるでしょう。私も、多くの利用者と関わる中で同様の葛藤を持ちながらケースワーカーとして実践をしてきました。

事例として挙げたAさんに対する就労支援の中では、たくさんのことを学ぶことができました。就労支援の視点として挙げた「複数の支援者で支援する視点」「広い視野で支援する視点」「長期的に支援する視点」「就労と生活の両方を支援する視点」の4つの視点は、どの

第3章
就労支援で学んだケースワーカーとして大切なこと
～相互に理解し、実態を把握し、信頼関係を築く～

中村　健

1．はじめに

　生活保護法の目的である「最低生活保障」と「自立助長」を実現するために、利用者を支援することはケースワーカーの大きな役割の1つです。とりわけ就労支援はケースワーカーに求められている大きなテーマの1つと言えます。利用者が働くようになり収入を得て生活保護から脱却することは、誰が見てもわかりやすい自立のストーリーであり「そうあるべき」と世間から期待されているところです。裏を返せば「そうなっていない」状況は利用者やケースワーカー、ひいては生活保護制度に対する非難となってしまうところがあるように思います。

　しかし、実際に現場で就労支援を行うケースワーカーの多くが、その難しさを目の当たりにして、苦労をしているのではないでしょうか。私自身もケースワーカーとして就労支援の難しさを何度も感じてきました。自分なりに、事例を通して就労支援という実践を振り返ってみたいと思います。

2．指導型の就労支援を行っていた頃

　私がケースワーカー1年目だった平成15年当時、福祉事務所内に「就労支援」という考え方はあまり多くなく、「就労指導」とし

●第2章 「働くこと」を支援するために大切なケースワーカーの視点

ような対象者についても大切な視点だと思います。また、Aさんの就労支援の中で感じたことは、ケースワーカーが一方的に就労の必要性を訴えるだけでは、なかなか利用者自身が主体性をもって求職活動に取り組むことはできないということです。ケースワーカーの役割は、利用者がみずから求職活動をしようと思える環境を整え、それを阻害する課題を一緒に整理していくことだと感じました。

　そして、併せて大切なことはケースワーカー自身が「就労」をどのように捉えるかということです。お金を得るため、スキルを磨くため、社会に参加するため…みなさんはどんなことを思い浮かべるでしょうか。正解は1つではありませんし、1人ひとり異なるものだと思っています。ケースワーカーは、できるだけ豊かに就労を捉え、利用者を支援することが大切です。そして、支援の中で利用者が就労をどのように捉えているかを確認し、支援することで、利用者自身に満足感のある支援ができるのではないでしょうか。

　忙しい仕事の中で、これだけのことを丁寧に行うことは難しいことかもしれません。面接に時間をかけることが難しいこともあるでしょう。しかし、少しでも時間があるときや、就労支援に行き詰まりを感じた時は、できるだけ、利用者との面接時間を大切にしてもらいたいと思います。そして、面接の中で利用者の考えを多く知るために、利用者自身にたくさん話をしてもらえるように促していくことが大切だと思います。その時に、先に述べた視点を活用してみると、より見えてくることもあるのではないでしょうか。

　これらのことは、就労支援に限らず、生活保護ケースワーク全般にも生かせることだと思います。ぜひ、支援の中で利用者から学ばせてもらったことを、様々な支援に役立てる姿勢をもっていただきたいと思います。

て利用者の自立助長を図っていました。ケースワーカーは私も含めてみな一般行政職であり、配属された職員の多くは福祉の基礎知識、困窮者理解や対人援助技術も乏しいままケースワークを行っていました。また、利用者に対して偏見を持っている場合や、カウンター越しの対立が見られることもあったように思います。

　稼働能力の有無は、年齢と医師の意見書（診断書）を重視し、学歴、職歴、資格、家族の状況などはあまり考慮せず機械的に行っていたように思います。就労指導の内容は「ハローワークへ行きなさい」「求人に応募しなさい」と指導するだけで、ハローワークへの同行、職業訓練受講や資格取得の提案、履歴書の添削や面接練習などはほとんどしていませんでした。毎月の求職活動状況申告書で「ハローワークへ何回行ったか？」「何社応募したか？」を確認し、活動が行われていない又は少なければ口頭で指導を行い、繰り返しの指導で改善しない場合は文書指導を行いました。それでもなお改善しない場合は「就労意欲がない」「稼働能力不活用」と判断し保護の停止、廃止や世帯分離措置を行うこともありました。

　平成17年度、自立支援プログラムの導入が進められた際に、自立支援の大きな柱のひとつとして組織的に「就労支援」に取り組むよう示されました。同時に、自立とは「経済的自立」だけでなく「日常生活自立」「社会生活自立」も含まれると示されました。そしてこれら3つの自立は並列の関係であり、それぞれが密接に関係しているとされました。つまり、日常生活自立や社会生活自立に欠ける状況では経済的自立を実現することは難しく、また経済的に自立できたとしても日常生活自立や社会生活自立が伴っていなければ、生活保護法が保障する自立した状態にあるとは言えないということになります。

　さらに平成18年度の実施要領において、稼働能力の有無について学歴、職歴、資格、家族の状況などを踏まえ、就労阻害要因がな

いか総合的に判断するよう示されました。

このような流れもあり、現場においても「就労指導」から「就労支援」へ考え方が変わってきたように思います。

3．事例報告　〜4年間の就労支援〜

ここからは私が担当したAさんへの約4年間に渡る支援内容を報告したいと思います。支援開始は「就労支援」という考え方が福祉事務所に定着し、就労支援プログラムも軌道に乗り始めた、ある年の春まで遡ります。

（1）Aさん世帯の概要

Aさんは中学不登校、高校受験失敗などを経験している高校3年生でした。世帯構成は両親、姉、Aさんの4人世帯です。両親は2〜3年前から商売がうまくいかなくなり、自己破産するに至りました。父親はパートタイム就労を始め、専門学校を卒業した姉もアルバイトをしていました。母親は精神疾患を患い非常に不安定な精神状態となっていました。

父親と姉の収入だけで生計を維持することは難しく、弁護士から生活保護申請を勧められ保護受給に至りました。父親は自己破産手続きで忙しく、精神状態に波がある母親の看護にも追われていました。また、アパート探しや引っ越し準備もしなければなりませんでした。このため、保護開始当初ケースワーカーの関わりは父親と母親に対する支援がほとんどでした。

（2）始めての面談とAさんの進路

Aさんと初めて面談したのは夏休み期間中の家庭訪問時です。父親に促される形でとても面倒そうな態度で部屋から出てきて、挨拶

しても返してもらえず、目も合わせてもらえませんでした。

　生活保護制度の概要、ケースワーカーの役割、世帯に対する援助方針を一通り説明すると、うなずいていましたがどの程度理解できたのか確認はしませんでした。「進路はどう考えていますか」との質問に「就職を希望している」「まだ具体的に行動していない」「学校の進路相談室で相談するつもり」と答えが返ってきました。

　この話を聞いて、Ａさんに対する就労支援は学校に任せておけばよいと考えました。また、"進学した場合は世帯分離となる"という取扱は保護開始時に父親へ説明していましたので、進学希望のないＡさんには世帯分離の説明は行いませんでした。

　保護開始から数ヶ月、自己破産手続きもひと段落し、４人で生活するには少し狭いアパートへ転居することができました。

　その後、Ａさんとは面談する機会を持てず、父親から「学校は行ったり休んだりを繰り返している」と聞くだけでした。冬休みのタイミングで家庭訪問し、再びＡさんと会うことになりました。前回と同じくそっけない態度でしたが「就職に向けてどうですか」と質問したところ「図書館司書になろうと思う」「通信教育で資格が取れる」「資格試験はないので取得しやすい」「本が好きだし向いていると思う」と話してくれました。インターネットで資格の取り方や雇用状況など情報収集していることも分かりました。

　高校卒業後、すぐに就労するものと思っていましたが、資格取得して安定した職につきたいという考えは、長い目で見ればＡさんにとって良い事と言えます。とはいえ、通信教育であれば日中働きながら学ぶことができますので、卒業後、図書館司書になれるまでの間はアルバイトなどしてほしいと話しました。Ａさんもそのつもりだったようで「インターネットで自宅から通えるアルバイトの求人情報を見ている」とのことでした。

Aさんが自分で描いた自立のストーリーをケースワーカーも応援したいと伝えました。通信教育費用は技能修得費の対象となる可能性がありましたので、資料請求をして費用や期間など詳細が分かり次第、あらためて相談に乗ることとしました。

（3）面談拒否
　新しい春になりAさんは無事に高校を卒業しました。しかし、通信教育費用の相談やアルバイトを始めたとの連絡は一向にありませんでした。父親に尋ねても「部屋にこもってインターネットばかりしている」とのことです。
　家庭訪問の際に面談を希望しても応じてもらえません。部屋の前で「会って話をしましょう」「資格取得やアルバイト探しの状況を聞かせてください」と声をかけてみますが反応はありません。2度訪問して同じことを繰り返しましたが会うことはできませんでした。父親からも説得してもらいましたが「いきなり来られても困る」と言われてしまいました。そこで「1週間後の同じ時間に改めて訪問するのでその時は会ってください」と伝えて帰りました。
　約束の日になりAさん宅へ訪問しました。Aさんは自室にいましたが、父親に促されて面談に応じてくれました。

（4）進展しない求職活動
　就職に向けての話を聞くと「図書館司書は向いていないと思ったのでやめにした」「アルバイトはインターネットで探しているが見つからない」とのことです。
　ケースワーカーとして就労支援をしたい、就労支援プログラムを利用してほしいと伝えました。また、求職活動状況を把握するため毎月申告書を提出してほしいことを伝えました。プログラムについ

ては「考えてみる」と一旦返事は保留となり、申告書の提出は了承を得ることができました。

その後、毎月の求職活動状況申告書はしっかり記入して提出してもらうことができました。活動内容はインターネットでの求人検索と電話問い合わせ、履歴書の送付となっていました。求人応募しても電話や履歴書送付の段階で不採用となっており、面接まで至っていないようです。

「履歴書の内容に問題があるのかもしれない」という思いと合わせて「本当に応募しているのだろうか」という思いもあり、次の訪問時に「履歴書が原因で不採用となっているようなので履歴書作成を支援したいのですが、一度履歴書を見せてくれませんか」と提案しました。Aさんが「（履歴書は）今はみんな使ってしまい手元にない」と言ったため、持参した白紙の履歴書を渡し、各項目をどのように記入しているか聞いてみました。

（5）Aさんとインターネット

しばらく沈黙していたAさんは開き直ったように「履歴書を書いたことは一度もない」「求人応募もしたことがない」と吐き捨てるように言いました。さらに「働くことは無駄」「求職活動の申告書なんて、実際は何もしていなくても、したことにして出せばいいんだろう」「頑張っているふりをすれば生活保護はもらえる」「真面目にやっている人が馬鹿をみる」と続けました。

Aさんがどうしてこのような考えに至ったのか話を聞いていくと、インターネットで生活保護をキーワードに検索して、たくさんの書き込みを閲覧し知識としていることが分かりました。

「働くと保護費が減らされる」「働いたら負け」このような書き込みの影響を受けていました。ケースワーカーは「Aさんが目にした情

報の多くは実態を知らない無責任な第三者によるものですよ」「生活保護制度や実情に関しては、ケースワーカーがもっとも信頼できる情報を持っています」と説明しました。しかし、書き込みにはケースワーカーの不親切な対応、強権的な姿勢、福祉制度に関する無知、嫌々仕事をしている、等批判的なものが多くあるようで、信用してもらうことができず「偽善者の言うことは信用できない」「公務員による税金の無駄遣いの方が問題だ」などと不満をぶつけてきました。

そこで、実際にパソコンの画面を見ながらネット上の批判や誤った情報をひとつひとつ解説したり意見したりしながら、Ａさんと生活保護について話し合いをしました。「働くと保護費が減らされるから働かないほうがいい」という情報には、「働いた方が得」であると図を用いてわかりやすい表現を心がけて説明しました。

半分以上は納得していないように思えましたが、それでもケースワーカーの考えていることや気持ちが伝わった部分もあっただろうと思いました。

(6) Ａさんの初めての仕事

ケースワーカーとの話し合いを経て、Ａさんは"求職活動を行うこと""求職活動状況を正しく申告すること"を約束し実行してくれましたが、就労支援プログラムの活用やハローワークを利用した求職活動には同意してもらうことはできませんでした。「まだ何がやりたいのか分からない」という理由で正社員を目指そうとせずアルバイト就労を希望しました。

インターネットで求人情報を探して応募するという形でしたが、求職活動にしっかりと取り組んだことで、すぐにコンビニエンスストアのアルバイトが決まりました。「仕事が決まって良かった」と喜びを共有しようとしましたが、相変わらずそっけない態度でした。

●第3章　就労支援で学んだケースワーカーとして大切なこと

　Aさんにとって大きな一歩だと思い本当に嬉しかったです。高校卒業から半年後以上経った冬のことでした。
　残念ながら1ヶ月ほどで「周りのスタッフと合わない」という理由で辞めてしまいましたが、またすぐにコンビニエンスストアのアルバイトに応募して採用となりました。2ヶ所目は「一緒に入った人がすぐに仕事を覚えて、その人と比べられているようで辛い」との理由で1ヶ月経たずに辞めてしまいました。その後も2ヶ所のコンビニエンスストアでアルバイトをしましたがいずれも1〜2ヶ月ほどで辞めてしまい定着できませんでした。
　仕事が続かない原因はどこにあるのかケースワーカーも気になっており、これまでの振り返りをしたいと思っていました。この頃になると、少しずつ自分の思いを伝えてもらえる関係になり「いらっしゃいませ」「ありがとうございました」がうまく言えないと話してくれました。普段なら言えるのにお客さんを前にすると言えないそうで、それでもコンビニエンスストアに続けて応募するのは「経験があるから」と話します。
　「他職種への応募」「就職セミナーへの参加」「職業訓練の受講」など視野を拡げてはどうですかと提案しましたが「今まで通り自分のやり方で求職活動はやっていきたい」と希望しましたので、Aさんの意向を尊重し、見守ることにしました。

（7）新しい仕事への挑戦
　母親が以前勤務していた会社の社長から「Aさんもウチで働いてみないか？」と提案がありました。Aさんは「今、他に仕事もしていないし、やってみる」と応じてくれ、働くことが決まりました。
　Aさんは2ヶ月3ヶ月と辞めることなく仕事を続けました。工場内では肉体労働を任され、トラックでのルート配送助手もしていた

そうです。「仕事はどうですか？」と聞くと「暑い日はきつい」「疲れる」とそっけないながらも苦労している様子を話してくれました。

　当福祉事務所では、雇用条件に「自動車運転免許を要する」としている会社に内定または就労した場合、免許取得費用として技能修得費特別基準を支給しています。38万円の給付を受けられるという経済的なメリットの他、運転免許取得は社会人として多くの場面で求められている事であり、個人の自立にも世帯の自立にも大きなアドバンテージとなります。このことは、ことあるごとにＡさんに伝えており、免許取得費用支給の対象となるような仕事に就いてほしいと思っていました。そこで社長にケースワーカーの意図を伝え、免許取得した場合「勤務時間や時給を増やして収入増としてもらえませんか」「アルバイトから正社員に登用してもらえないでしょうか」など雇用条件を良くしてもらいたいと相談したところ、「Ａさんにとって良い事だね」と賛同してもらうことができました。この話をＡさんに伝えたところ「免許はほしいけど、もう少し働いてみてから考えたい」と迷いを感じる回答でした。

（8）発達障がい

　数ヶ月経ったある日、改めて運転免許取得に挑戦してほしいと勧めたところ、Ａさんは思いもよらない言葉を口にしました。

「自分は発達障がいかもしれない」

　これまで仕事をしていた中で、他の人と比べて"物覚えがとても悪い""要領が悪い"と感じていたそうです。また、コンビニエンスストア時代を振り返ると"仕事を人並みにこなせない自分が嫌だった"という気持ちがあり頑張れなかったそうです。今の仕事でも周りに迷惑をかけているのは間違いなくて、発達障がいの自分が正社員になって働き続ける姿がイメージできないと話してくれました。

●第3章　就労支援で学んだケースワーカーとして大切なこと

運転免許もほしいと思っていたが今は"絶対無理だ"と思うそうです。「前後の車との距離感が分からない」「対向車が気になる」「交差点はどこを見れば良いか分からない」などルート配送の助手席で自分が運転することを想像する度に感じているそうです。

　以前から気になっていた発達障がいについてインターネットでいろいろ調べたところ、自分のことに当てはまる内容が多く、セルフチェックでもポイントが高かったそうです。ケースワーカーは「本当に発達障がいなのかどうか確かめましょう」と医師の診察を受けることを提案しました。Aさんはすぐに母親が通う精神科病院の予約を取り、1ヶ月後に受診しました。

　結果は"軽度のADHD[注]"との診断でした。Aさんがショックを受けているのではないかと思い、気持ちを聞くと「前からうすうすそうだと思っていたから別に（なんともない）」と淡々と話していました。

(9) 障がい者雇用へ向けて

　勤務先社長に事情を話せば、仕事内容に配慮しつつ雇用継続してもらえると思いましたので、Aさんに「障がいのことを話しましょう」と提案しました。しかし「社長は良いと言ってくれても、他の社員には迷惑をかけ続けることになるので、仕事は辞める」との意向でした。Aさんは「辞める時は1ヶ月前に申し出なければならないから」と辞表を提出し、1ヶ月間しっかり勤務してから会社を辞めました。もしかしたら、もっと前から今の仕事に限界を感じていたのかもしれません。支援を始めて4度目の春を迎える頃のことでした。

　"障がいが判明したことを前向きに捉えてほしい"と思い、ケースワーカーは「生きづらさの原因が具体的に分かれば自分自身も周囲

注　ADHD：注意欠陥多動性障害。Aさんは注意力や集中力に欠けることが悩みでした。

も楽になり自立の道筋も描きやすくなります」「障がい者向けの就労サポートを受けることができ、特性に合わせた求人紹介や、配慮ある待遇も受けやすくなりますよ」と伝えました。障がい者就労支援センターの利用を勧めパンフレットを渡すと、Aさんもインターネットでセンターのホームページを閲覧するなど情報収集をしました。

　障がい者就労支援センターでの初回相談後、Aさんおよびセンター相談員から「精神保健福祉手帳を取得できれば障がい者枠での雇用に有利になる」「職業適性検査で向き不向きを知る」「職業体験を通して得意不得意を知る」という方針で求職活動を進めていくとの報告を受けました。

　ケースワーカーには今もそっけない態度しか見せないAさんですが、センター相談員から「とても礼儀正しい青年」「挨拶はもちろん他者への気遣いもできる」「決めた事をしっかりこなしている」と聞き、これまで知らなかった一面を知る事もできました。

(10) 支援開始から４年後

　発達障がいの診断から半年後、精神保健福祉手帳を取得し、センターの支援もありAさんは障がい者雇用で正社員としてフルタイム就労を始めることになりました。主治医より「就労する上で配慮を要すること」などの意見書をもらい、この意見書も参考にセンターから雇用先へAさんの特性を伝えました。雇用先の理解もあり就労は安定して続いています。

　「運転免許取得は十分可能」との主治医意見もあり、雇用条件も"要運転免許"となっています。技能修得費の支給要件を満たしていますが「今は自信がない」と足踏みしています。免許取得は無理に急かさず、Aさんのタイミングに任せることにしています。

　Aさんは「いつかは一人暮らしをしたい」と考えていますが「一

人で生きていく力はまだ自分にはない」と現状を維持することで精一杯のようです。生活保護からの自立はまだかないませんが、自分たちの力と最小限の支援で十分生活していけるようになりました。求職活動や就労を通して得た経験は、他では得難いものであり、また人や社会と繋がりを持てたことは大きな財産となったでしょう。

　今年もまた、Aさんとご家族に新しい春がやってきました。もしこの先、再び困難に遭遇したとしても、誰かと繋がりがある限り、何が起きても大丈夫と信じています。

4．Aさんの就労支援を振り返って

　Aさんへの支援では「あの時こうしていれば」「なぜこうしなかったのか」と後悔する事がたくさんありました。それでも、保護開始時に比べて世帯の状況が良くなったと実感できることが救いとなっています。

　失敗も含めて、支援のポイントを振り返ってみたいと思います。

(1) 最初の失敗は支援の入り方

　初めての面談の際、制度説明や援助方針を一方的に話し、理解したかどうか確認をしませんでした。Aさんは「いきなりやって来て知らない言葉を並べて、嫌なやつ」と感じたのかもしれません。警戒心があったであろうAさんに対して、ケースワーカーとして、一人の人間として、しっかり挨拶と自己紹介をするなど受け入れてもらえる努力をすべきでした。親の自己破産や引越など不安なことが重なっており、その気持ちに寄り添おうとする姿勢も必要でした。今思えばインターネットが共通の話題として最適だったのではないかと思っています。

　支援者として受け入れてもらえれば、不登校や受験失敗のエピ

ソードを掘り下げて話してもらうことができたかもしれません。発達障がいにも、より早くたどり着けていたかもしれません。この第一印象の悪さが、その後のAさんの面談拒否やそっけない態度、ネット上のケースワーカー批判への共感に繋がり、支援に時間を要する結果となったのだと思います。

（2）貧困の連鎖を断つための支援

　Aさんから「高校の進路相談室で相談する」と聞き、就労支援は学校任せで良いと考えていました。その結果、就労に向けてどのような動きがあったのか全く分からず、卒業して半年以上無就労となってしまいました。収入認定の考え方、大学進学時の取り扱い、技能修得費などAさん自身に説明し、就労に向けての取組を確認しておくべきでした。進路相談室の先生との情報共有や連携も必要だったのかもしれません。

　もう1つの反省は"もしかしたらAさんは進学を希望していたかもしれない"ということです。父親から「進学は諦めてくれ」と言われていたかもしれませんし、「親に迷惑かけるわけにいかない」と諦めたかもしれません。制度説明に気を取られていてAさんの本当の気持ちを確認していませんでした。

　夜間課程の大学、専門学校であれば世帯分離することなく進学を認めることができるという説明も必要でした。貧困の連鎖が拡大する中で、大学卒や専門学校で資格取得することは就労に有利であり、長い目で見れば自立の可能性を広げることになります。「お金の事は抜きにして、進学したいですか？」と聞くことが必要でした。

　近年は、高校生のアルバイト収入から塾代を捻出したり、大学進学費用や運転免許取得費用として貯金する事が認められるようになりました。学ぶ意欲や力がある高校生を応援する制度に少しずつ変

わってきています。"生活保護で大学進学は認められない"という間違った認識もまだまだあります。貧困の連鎖を断ち切るため、ケースワーカーの果たす役割は大きいと感じています。

（3）指導せずに待つ支援

　Aさんとしばらく面談ができなかった時期があります。以前なら「面談に応じるように」と文書指導を行っていたかもしれません。"保護の目的を達するため"の指導指示を、ケースワーカーに与えられた権限だとする考え方もあるかもしれません。

　しかしこの場合、指導指示を行ったとしたら、Aさんは面談に応じないばかりか余計に殻に閉じこもっていたと思います。仮に面談に応じてくれたとしても、敵視されて有効な支援は行えなかったと思います。

　無理に会おうとせずAさんのペースに合わせたことと、父親から協力してもらえたことで壁を作りかけたAさんと2回目の面談を行うことができました。

（4）求職活動をしないもう1つの理由

　Aさんはインターネットの書き込みに影響され「求職活動は形だけで良い」と考えていました。履歴書を書くことも求人に応募する事もしなかったのは、本当に「無駄な事だから」という思いだけだったのでしょうか。

　後で分かったことですが、Aさんは「字が下手だから履歴書を書けばバカにされると思った」と告白しています。求人に応募すれば、履歴書を書いて提出しなければなりません。そのことができなかったのは、コンプレックスがあったからであり、「求職活動は形だけで良い」という考えはそれを隠すための言い訳だったのかもしれません。

（5）発達障がいの診断

　Aさんの就労支援は発達障がいがターニングポイントとなり、良い方向へ進んで行きました。しかし、発達障がいという診断は、Aさん自らが苦労や失敗を重ね、苦しんだ末にたどり着いたものです。Aさんとの面談の中で気づくことができませんでしたし、離職を繰り返していたことや正社員への登用を渋った理由など「もしかしたら？」と疑問を持てる場面はありました。先ほども述べましたが、ケースワーカーが障がいの可能性にいち早く気づくことができていれば、遠回りせずに支援ができていたことでしょう。Aさんとコミュニケーションを重ねることや、両親からAさんの様子を詳しく聞くこともできていませんでした。ケースワーカーとして力不足でした。

（6）働いた方が得になるということ

　インターネットでは「働いたら負け」という書き込みもありました。これは"収入を得る＝保護費が減る"という収入認定の仕組みを指してのものです。実際に「どうせ働いたら保護費が減らされるのだから、働く意味がない」と言う利用者もいます。

　ケースワーカーなら、"給与全額が収入認定されるのではない" "基礎控除分は収入認定しない" ことは当然知っていますし、保護費と給与の合計で考えれば働いた方が月々の収入は多くなり、決して意味がない訳ではありません。

　しかし、利用者に収入と控除の考え方を説明することは難しいものです。「給料全額が収入認定される訳ではなくて、基礎控除や必要経費を差し引いた残りの額を収入認定します」と説明しても利用者の方は「収入認定？　基礎控除？　どういうこと？」とよく分からないでしょう。私もケースワーカーになった当初、先輩から説明されましたがよく理解できませんでした。何度も収入認定処理を繰

り返す中で自然と覚えたと思います。

　そこで、利用者に対しては細かい説明は後回しにして、簡潔に「働いた方が得ですよ」と伝えます。当然利用者は「それはどういうことだろう？」と興味を持ちます。「働いている人の方が毎月使えるお金が多くなります」「働いている人は就労加算がもらえますよ」という説明をして"控除"を"加算"に言い換えることで分かりやすくするのです。「（新潟市、2級地－1の場合）給料が5万円なら18,400円。10万円なら23,600円の加算がもらえて、それだけ使えるお金が増えるんですよ」と具体的な金額を出すことでよりイメージしやすくします。さらに、図にすることで分かりやすく伝えます。高校生のアルバイト等未成年が働く時は「27,800円までなら保護費は減りません、全額お子さんのお小遣にできます」と伝えます。このように、"保護費が減らされる"というマイナスの表現から"使えるお金が増える"というプラスの表現に変える工夫をしています。なお"就労加算"という言葉は実際にはありませんが、ある大卒の利用者に「つまり働くと最低生活費が加算されるということですね」と言われたことがきっかけで、それから説明に使用するになりました。

　事例のAさんですが、正社員で働くようになってから「自分が働くと保護費がいくら減るのか分からないため、父親にいくら生活費を渡せばいいか分からない」と相談があったので、保護

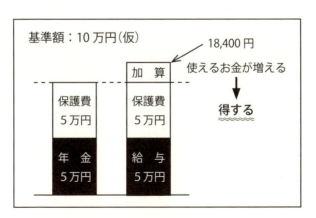

手帳から基礎控除額表を印刷して渡しました。それから、毎月自分で収入認定額を1円単位まで計算して父親に生活費を渡しているそうです。

（7）主治医意見書の工夫

　Aさんが就労する際、主治医に意見書を求めました。かつては機械的に意見書を求めていて「○○という病気で貴院通院しています。就労は可能でしょうか？　不可の場合はどのような治療がどの程度の期間必要でしょうか？」というシンプルな聞き方でした。そのため「就労可　以上」「就労不可　治療6ヶ月」というシンプルな回答が多かったように思います。

　中には「この人が働けるかどうか分かりません」「仕事内容によります」「それを判断するのはあなたではないか」という回答もありました。また「就労可」と意見書に書いたことで患者から「先生が『働ける』と言ったからケースワーカーから『働け』とうるさく言われるようになった」と文句を言われた経験がある医師から「逆恨みされるから今後意見書は書きません」と協力してもらえないこともありました。これらの反省を活かして、私は次のように意見書を求めるようにしています。

　まず、就労可否を判断するのは福祉事務所であり医師の意見は判断材料の1つであることを伝えます。

　次に利用者自身が傷病に対してどのように認識しているか（傷病は改善しているか悪化しているか、傷病を理由として職種や労働時間に制限があるかないか等）聞き取りした内容を意見書に記載します。特に精神疾患がある場合には「働く上でどのような不安や心配があるか」細かく聞き取りをして記載しています。

　そして医師から「仕事内容や勤務時間に制限を受けるかどうか」

意見を求めることになりますが、「病状、体調、体力、精神状態など医学的な判断に基づいて意見してほしい」と書き添えることで、より具体的な意見書を作成してもらえるようになりました。

(8) 定着のための工夫

　Aさんの就労にあたり、ケースワーカーから社長に積極的に連絡をとっていました。そのため、障がい者就労支援センターからAさんの発達障がいの特性を伝える際もスムーズに情報提供ができました。

　求職活動の場において、"未就学の子を抱えるひとり親"であることや"要介護の両親と同居している"ことなどは「急に欠勤する恐れのある人」とマイナス要因として見られてしまうことが多く、そういった事実を隠して求職活動をする方がいます。結果的に、急な欠勤が原因で解雇されたり、職場に居辛くなって離職することになりかねません。マイナス要因を知ってもらった上での雇用は、上司や同僚から配慮してもらえ、定着に繋がりやすくなります。

　早期就労を促すばかりではなく、定着という視点で就労支援を行うことを心がけています。

5．まとめ　～意図的に信頼関係を創出する～

　就労支援は、利用者だけで行うものでも、ケースワーカーだけで行うものでもありません。利用者の置かれている現状、過去の学歴や職歴、就労意欲や望んでいる仕事など、しっかりアセスメントしながら、課題を明らかにして、双方が協力しながら進めていくことが大切です。そのためにも信頼関係を築くことは支援のスタートにおいて、最も重要なことではないでしょうか。信頼関係構築のため、ケースワーカーは様々な努力や工夫をしていかなければなりません。

（1）関係づくりの工夫

　面談に応じてもらえないなど対話自体が難しい場合はどうしたらよいでしょうか。"アプローチの工夫"で改善できる場合があります。具体的には「悩みや苦労を共有したい」「責めるようなことはしない」というスタンスを伝えるため、手書きの手紙やメモをポストに投函したり、保護決定通知書に同封します。これを繰り返すことで気持ちを伝えることに繋がります。

　ケースワーカーの顔を見たくないと言われる場合は、民生委員や保健師など他の支援者から間に入ってもらうことがきっかけになる場合もあります。逆に、ケースワーカーが関係修復のサポート役になれることもあります。ハローワーク就労支援コーディネーターとの関係が悪化し「もうプログラムに参加しない！」と怒ってしまった方の例では、通常コーディネーターが1対1で行っている支援にケースワーカーも同席させてもらいました。数回同席したことで、行き違いからこじれてしまった関係が修復され、支援継続となりました。

　こじれた関係を修復するには時間がかかることが多いので、焦らずに待つことも大切です。Aさんの場合は父親が間に入ってくれたおかげで面談ができるようになりました。

（2）新たなコミュニケーションツールの活用

　若年層の利用者とのコミュニケーションでは電子メールの利用が効果的な事もあります。ある18歳の利用者は、面談では無口、電話では要件を話すだけ、という印象でしたが、あるきっかけからメールでやりとりするようになってからは驚くほどコミュニケーションが取れるようになり、就労支援が前進するきっかけになりました。当市スクールソーシャルワーカーの話によれば、支援の対象である子どもやその親と連絡を取る際に、メールの活用が有効であるケー

●第3章　就労支援で学んだケースワーカーとして大切なこと

スもあるそうです。このように、時代の流れに合ったツールを使用することで信頼関係構築に役立てています。

　また近年は、給与明細をスマートフォンで閲覧させる企業が増えています。この場合、毎月の収入申告書に紙の明細を添付できないため、給与明細を表示させた画面（スクリーンショット）をメールで送信してもらっています。その際に「明細ありがとうございます。最近バイトはどうですか？　学校はどうですか？」とメッセージを送ると、返信をもらえることがあり、高校生など接する機会が少ない方とのコミュニケーションのきっかけとなっています。

（3）ウソを重ねてしまわないための関わり方

　求職活動に熱心に取り組まず、面談にも応じなくなってしまった利用者が何人かいました。ある方は「〇日までに申告書を提出する」という約束を何度も破り、電話にも訪問にも応じなくなりました。その後の面談で「書類の書き方が分からないから提出できなかった」ということが判明します。

　また、ある方は求職活動状況申告書に「電話問い合わせで断られる」と毎日びっしり書き込んでいました。申告書通りなら1日1件の電話問い合わせを3年以上に渡り休まず行ったことになります。この方は、最初に担当したケースワーカーから「毎日熱心に求職活動をしなければ能力不活用で保護を打ち切る」と言われたため、とにかく打ち切りされないように書き込んでいたことが分かりました。実際の求職活動は「自分を雇ってくれる会社など、もうどこにもない」と言い、全く行っていませんでした。

　2人ともつかなくてよいウソを重ねていました。決して「楽をして保護をもらおう」という考えではなかったはずです。虚偽申告により指導指示を受けたり、失踪と言う形でセーフティネットの網か

らこぼれ落ちたかもしれません。
　学歴や職歴が就労阻害要因となっており、能力的にもハンデを持つ利用者に対して、ケースワーカーが支援者ではなく、自立を阻む存在になりかねないケースでした。しっかりとアセスメントすること、理解してもらえるような説明を行うこと、つまり利用者と対話を重ねることは大切なことと言えます。2人の本当の想いをケースワーカーが共有できたことで信頼関係が生まれ、これまでと違った形で就労支援を再スタートすることができました。

（4）一番の理解者になるために
　生活保護手帳冒頭の「生活保護実施の態度」を改めて読み返すと、「最低生活保障」と「自立助長」を実現するためのケースワーカーとしての基本姿勢がこの冒頭文には詰まっています。その中でも次の3つは、大切なことを分かりやすく教えてくれます。
　　「**被保護者の立場を理解し、そのよき相談相手となるようつとめること。**」
　　「**実態を把握し、事実に基づいて必要な保護を行うこと。**」
　　「**被保護者の協力を得られるよう常に配意すること。**」
　この基本姿勢は、就労支援の場面においても核心となるものではないでしょうか。相互に理解し、実態を把握し、信頼関係を築く、簡単に見えてとても難しいことですが、支援を行う上でとても重要なことだと思います。
　この先も就労支援を行う中で多くの失敗や後悔をするのだろうと思います。日々の実践で得られる成功も失敗も、その1つ1つを糧として、これからも利用者にとって一番の理解者であり支援者となれるよう、研さんに努めたいと思います。

第4章
就労支援システムの構築と自立概念の具体化

野﨑友輔

1．就労支援（体制）見直しのきっかけ
（1）既存の就労支援プログラムの限界

　平成20年のリーマンショックを契機として、派遣切りや不安定就労者の増加、年越し派遣村等によって、全国的な動向として被保護者数が急増しました。板橋区においても同様の傾向がみられ、特にはたらき盛りの世代である稼働年齢層を多く含むその他世帯の増加が顕著となっていました。

　平成22年度当時、板橋区には、福祉事務所の非常勤職員である就労支援相談員（以下「就労支援員」）が中心となって被保護者の求職活動を支援する「就労支援プログラム」と、ハローワークの就職支援ナビゲーターによる「生活保護受給者等就労支援事業活用プログラム」の2つの就労支援プログラムがありました。しかし、この2つのプログラムはどちらも就労意欲があり、ある程度求職活動を行うことができる被保護者を対象としたものでした。

　そのため、労働環境や雇用情勢の悪化、雇用のミスマッチ等の社会経済情勢を背景として、未就労期間の長期化や非正規雇用での転職を繰り返すことで就労意欲が減退し求職活動が滞ってしまう被保護者や希望職種での就職が困難となっていた被保護者については、十分に対応することができませんでした。

　また、両親の収入で生活できていたため自身ははたらいた経験が

ない若年層の被保護者をはじめとして、就労経験自体が不足し求職活動の前にまずは日常生活自立、社会生活自立の支援が必要な被保護者についても、既存のプログラムでの対応には限界がありました。

つまり、自身の自発的な求職活動による就労が難しい被保護者や求職活動の手前の段階から丁寧な支援が必要な被保護者については、ケースワーカーはプログラムという支援ツールを持ち得ていなかったということです。

(2) 組織的に実施されていない自立支援プログラム

厚生労働省社会・援護局通知「平成17年度における自立支援プログラムの基本方針について」によると、自立支援プログラムとは、「実施機関が管内の被保護世帯全体の状況を把握した上で、被保護者の状況や自立阻害要因について類型化を図り、それぞれの類型ごとに取り組むべき自立支援の具体的内容及び実施手順等を定め、これに基づき個々の被保護者に必要な支援を組織的に実施するもの」とされています。

しかし、板橋区ではプログラムの活用については自立支援プログラム実施要領という冊子がケースワーカーに配布されるだけで後はケースワーカー個人の責任のもとに運用されていました。そのため、プログラムの認知・理解度、活用状況はケースワーカー個人によって大きな差がありました。

また、新しく福祉事務所に配属された職員には、教育担当という先輩職員がつくことになるのですが、その先輩職員が自立支援プログラムを知らない、活用していない場合には、後輩職員へのプログラムの伝承は行われていませんでした。さらに、新卒で最初の配属先が福祉事務所という若手職員の増加や人事異動による短期間での職員の入替等により、経験年数の浅い職員が増えることで、プログ

ラムに限らず対人援助について、経験が蓄積、共有されにくい職場環境となっていました。

　つまり、策定された自立支援プログラムについて、組織的に実施するための方策が十分ではなかったため、プログラムの認知・理解度、活用状況に大きな格差が生じてしまっていたのです。

（3）行政機関である福祉事務所

　職場の体制に関連することとして、福祉事務所が行政機関であり、ケースワーカーは行政職員であるということも前提としなくてはいけないと考えました。それは、行政機関、職員である以上、人事異動があり、定期的に職員配置はシャッフルされるため、福祉事務所に配属される職員全てが福祉行政、対人援助に精通している訳ではなく、より良い支援を行うということにインセンティブがはたらかない職員もいるということです。

　もちろん、専門職等の資格を有する職員や対人援助技術に長けた職員、真摯にケースワークにあたる職員はいます。しかし、それらは、能力や情熱、価値観等の個人の資質に依存しているというものであり、行政のシステムに内在している訳ではないのです。

（4）自立支援係の新設

　リーマンショック以降の増え続ける被保護者への自立支援の促進を推進するため、平成23年度に自立支援係が新設されました。当時の社会経済情勢から係の設置背景をみると、ここでいう自立とは、日常生活自立や社会生活自立のことではなく、就労（経済的）自立＝生活保護からの脱却を指していたと思います。

　しかし、就労自立を果たすためには、日常生活自立や社会生活自立を切り離すことはできません。また、未就労期間の長期化や非正

規雇用での転職の繰り返し等により就職面接で自分の職歴をアピールすることが困難な被保護者や、就労経験の不足等でそもそも、はたらく意義や目的を見出せていない被保護者がいることを目の当たりにしていたため、日常生活自立、社会生活自立、就労自立の3つの自立概念の具体化が欠かすことができないと考えました。

このように考えた理由として、板橋区で策定されていた自立支援プログラムには、就労支援プログラムだけでなく、高校進学支援プログラムや介護サービス利用支援プログラム、多重債務解消支援プログラム等の多様なプログラムがあり、就労支援だけが自立支援ではないということの理解があったからだと思います。

2．就労支援システムの構築

福祉事務所が行政機関であり、ケースワーカーは行政職員であるという前提を踏まえた上で、既存の就労支援プログラムの限界への対応と、プログラム活用のための組織的な体制整備を図るため、就労支援（体制）の見直しを行うこととしました。以下にそのポイントを整理します。

（1）就労支援プログラムの見直し
① プログラムの再編による支援ツールの充実

既存の2つの就労支援プログラムを、6つの就労支援プログラムに再編しました（次ページ・図表1）。この再編により、支援ツールであるプログラムの種類が2つから6つに増えたことで、ケースワーカーにとっては、支援（受け入れ）可能な支援対象者層の拡大と支援手法の充実が図られることになり、被保護者にとっては、参加可能なプログラムが増えたことで、選択肢の拡大、自立のための機会確保につながりました。

再編前（平成23年度まで）
①就労支援プログラム
②生活保護受給者等就労支援事業活用プログラム

再編後（平成24年度から）
①**就労支援プログラム**
　福祉事務所に常駐する就労支援員が、就労意欲のある被保護者を対象に、定期的な面接相談を通じて、ハローワークやその他の求人情報の活用、職業訓練等の情報提供等を行い、被保護者の求職活動を支援するプログラム
②**無料職業紹介事業活用プログラム**
　就労支援員と委託事業者が連携し、就労意欲のある被保護者を対象に、求人開拓、求人・求職のマッチング、職業紹介、就職後の定着支援を行うプログラム
③**求職活動支援プログラム**
　ケースワーカーが、就労意欲が高く自発的な活動が期待できる被保護者を対象に就労支援を行うプログラム
④**就労準備支援プログラム**
　委託事業者が、就労意欲の減退した被保護者等を対象に、セミナーや職場体験等を通じて、就労に向けた準備支援を行うプログラム
⑤**社会参加支援プログラム**
　委託事業者が、就労経験の乏しい被保護者やひきこもり、ニート等社会に出るための支援が必要な被保護者を対象に、セミナーやボランティア活動体験等を通じて、社会参加や意欲の醸成を促すプログラム
⑥**生活保護受給者等就労自立促進事業活用プログラム**
　就労支援員がハローワークのナビゲーターと連携し、就労意欲のある被保護者を対象に、ハローワーク事業を活用した就労支援を行うプログラム

　また、従来は、就労意欲がある被保護者を対象としたプログラムしかありませんでしたが、再編後は、就労意欲が減退している被保護者や就労経験が乏しい被保護者も支援対象とするプログラムを作り、「就労支援」の枠組みに入れることで、就労支援の範囲を拡大させることにしました。つまり、就労支援の前段の支援である就労

準備のための支援(以下「就労準備支援」)を就労支援に含めたプログラム構成としたということです。

その理由は2つあります。1つは、就労準備支援と就労支援の間で明確なラインを引くことが難しかったということです。過去の事例からも、就労支援においても規則正しい生活習慣や社会人としてのコミュニケーション能力の醸成に関する支援は行っていましたので、就労準備支援と就労支援は一連のプログラムの流れとして構成した方が望ましいと判断しました。

2つ目は、就労支援に含める方がケースワーカーにとってプログラムを活用しやすくなるということです。この再編において、6つのプログラムについては、就労支援員や委託事業者等、関わる支援者が異なっても、共通様式(次ページ・図表2)を整備することで、共通の運用ルールとすることができ、ケースワーカーがどのプログラムを活用する場合でもほぼ同じ実施手順で進めることができるようにしました。

② **PDCAサイクルの導入による循環型支援**

支援の節目を捉え、進捗管理を行うとともに支援の循環を自然発生させるため、様式追加によるPDCAサイクルを導入しました(次ページ・図表2)。また、支援過程に本人の意向を汲み取り支援へつなげる仕組みを取り入れるため、支援者だけではなく、被保護者本人が作成する様式として「目標確認シート[1]」と「振り返りシート[2]」を導入しています。

③ **複数支援者による支援**

自立支援プログラムは被保護者への支援を行うものですので、一義的には被保護者のためのものとなります。しかし一方で、ケース

●第4章　就労支援システムの構築と自立概念の具体化

【図表2　就労支援プログラムにおけるPDCAサイクル】

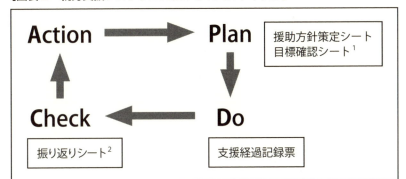

ワーカーによるプログラム活用を活性化させていくという点においては、ケースワーカーそれぞれに関心や価値の置き方が異なる中で、被保護者へのより良い支援という面だけでは、必ずしもプログラム活用につながらないことがあります。

そのため、被保護者への支援の質の向上と合わせて、プログラムにはケースワーカーの負担緩和につながる側面もあるということも強調する必要があると考えました。実際に、複雑、多様な課題を抱える被保護者へのケースワークにおいては、ときにケースワーカーは過重な精神的ストレスや、対人援助が多忙化することで、事務処理等に充てる時間の確保が難しくなる等の負担がかかることも少なくありません。

こうして再編後の就労支援プログラムでは、業務委託を導入する

1　目標確認シート：支援開始前に作成する様式。はたらく目的、目的を達成するための目標、就労するにあたっての自立阻害要因等を書き出すことで、本人の現状や認識を整理することを目的・効果としたもので、この様式を参考に、ケースワーカーは援助方針を策定。
2　振り返りシート：支援開始中・後に作成する様式。支援を開始してから一定期間経過後や就労決定したタイミングでの振り返りの場を設定することで、自身による振り返り、支援者（就労支援員、ケースワーカー）による振り返り、関係者による共有、支援開始前と支援後の状況改善（スモールステップアップ）の認識・把握、支援経過と結果の可視化、次期の支援時の参考を目的・効果としたもので、この様式を参考に、次期の支援につなげていく。

【図表3　本人と支援者の構図Ⅰ】

①1対1（本人・ケースワーカー）

②1対2（本人・ケースワーカー・就労支援員）

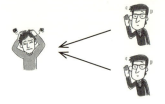

③1対3（本人・ケースワーカー・就労支援員・委託事業者）

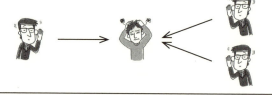

ことで、ケースワーカー、就労支援員のほかに委託事業者も支援者に加わることとなり、複数支援者による被保護者への支援体制を整えるとともにケースワーカーが抱える業務量やメンタル面の負担の支援者間での分散、緩和を図りました。

　図表3は、支援者と被保護者の構図を整理した図です。①は、ケースワーカー1人で支援する場合、②はケースワーカーと就労支援員の2人で支援する場合、③はケースワーカー、就労支援員にさらに委託事業者が加わり3人で支援する場合を示しています。

（2）就労支援体制の見直し

　プログラムの見直しをいくら行っても、そのプログラムが活用さ

れなくては意味がありません。そのため、ケースワーカーによるプログラム活用を職場として支援する仕組みとして、次の2つの方法によるバックアップ体制の強化を図りました。

① **自立支援担当職員の設置**

　板橋区内には3つの福祉事務所がありますが、自立支援係は1つの福祉事務所にしかない係のため、プログラムの活用促進や職場への周知浸透を効果的に行うことを目的として、各福祉事務所の保護係のケースワーカー、査察指導員の中から自立支援担当職員を選任しています。自立支援担当ケースワーカーは、自立支援に関する各種会議への参加、研修開催時の協力等のほか、日々のプログラム活用等の自立支援の推進の実働部隊としての役割を担っています。

② **研修の体系化**

　プログラム活用、自立支援の促進を職場の体制として整備し、組織的風土を醸成するため、プログラムのほか、自立支援に関する研修を体系化し、年間計画を立てたうえで研修を実施しています（次ページ・図表4）。

　この自立支援に関する研修では、自立支援全体に係るものと、個別テーマ設定によるもの（就労支援、健康管理支援、アディクション）で整理し、自立支援係だけでなく、区内外の関連施設との連携や外部講師に依頼する方法で実施しています。

　これらの中でも、毎年10月頃に開催する自立支援プログラム研修（実践）では、研修後半にプログラムの活用事例を自立支援担当ケースワーカーから報告する機会を設ける等して、プログラムを実際に活用した上での効果をケースワーカーから伝えてもらうことで、他のケースワーカーとプログラムとの距離を近づけています。

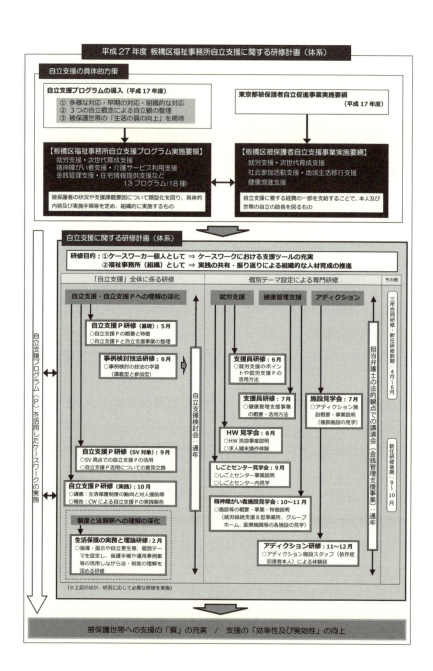

③　就労支援検討会の導入

　就労支援プログラムの再編によって、6つのプログラムのうち3つのプログラムには業務委託を導入しています（図表1・63ページ参照）。一方、職場に経験が蓄積されにくいという福祉事務所の状況の中で業務委託を進めることは、ケースワーカー自身が就労支援に関わる機会を減らし、スキルアップや経験蓄積の妨げになるリスクがあると考えました。

　そのため、事例検討の場である「就労支援検討会」を就労支援プログラムの中に組み込みました。就労支援検討会は、福祉事務所ごとに毎月1回、1時間程度、1つの事例について検討する場で、やっていることは至ってシンプルですが、それまで保護の要件の検討を中心としたケース診断会議はあっても、3つの自立（日常生活・社会生活・就労）支援を中心としたケース検討の場はなかった板橋区にとっては新鮮なものとなりました。

　また検討を通じて、被保護者（世帯）の置かれた状況、支援経過、検討経過を共有することができるだけでなく、同じ悩みをケースワーカー同士が分かち合う場として機能しました。また、直接被保護者に対面している訳ではないですが、ケースワーカーにとっては被保護者（世帯）とじっくり向き合う時間づくりになり、支援における多様な視点、着眼点の共有につながったりしています。総じて、単なる検討の場を超えて人材育成の場になっているように感じています。この就労支援検討会も②の研修の体系化に含めています。

　⑴、⑵を通して、ケースワーカーのプログラムへの理解、活用状況に対して、プログラムの再編と活用を促す職場体制の整備を図りました。

　その結果、就労支援プログラムの実績推移は図表5（次ページ）のとおりとなっています。平成23年度から平成25年度にかけては、プ

【図表5　就労支援プログラムの実績推移（平成22年度～平成26年度）】

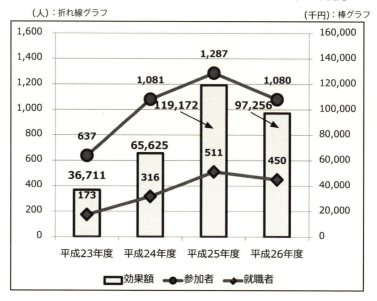

ログラムの参加者数、就職者数、効果額（＝生活保護費の削減額）が大きく伸びています。平成25年度から平成26年度にかけては、いずれも少し落ちましたが、就職率は平成25年度39.7%（＝511/1,287）から平成26年度41.7%（＝450/1,080）に上昇しています。

3．就労支援における3つの自立概念の具体化

　就労支援システムは、福祉事務所における運用の改善という観点での見直しでしたが、3つの自立概念の具体化は、被保護者への効果的な就労支援という観点での見直しとして行ったものです。

　その具体化の方法は、次の2つです。

（1）就労支援手法の多様化

　再編後の6つの就労支援プログラムのうち、無料職業紹介事業活

用プログラム、就労準備支援プログラム、社会参加支援プログラムの３つのプログラムは、業務委託の導入により、民間事業者の特性や強みを生かし、従来のやり方にとらわれない支援手法の導入を目指しました。

　就労意欲が減退している被保護者や就労経験が乏しい被保護者を支援対象とした就労準備支援プログラム、社会参加支援プログラムは、キャリアカウンセリング、就労準備セミナー（以下「セミナー」）、ボランティア活動、職場体験、居場所といった支援メニューを通じて、生活習慣の改善やコミュニケーション能力の醸成等の日常生活自立、継続的な外出へのステップアップや地域とのつながりの回復等の社会生活自立、はたらくことにつなげるための就労支援を行うものです。

　セミナー、ボランティア活動、職場体験、居場所の支援メニューの枠組み自体は、今となってはそれ程珍しいものではありません。しかし、これらの支援メニューの活用による被保護者との関わり合いを通じて、一人ひとりが、はたらくことの意義を見出し、はたらくという目標設定、それぞれの多様な目的設定を行い、自分たちのペースで前進できるような関係性、環境、雰囲気づくりを行いました。

（２）就労支援の成果の見える化

　従来の就労支援の成果指標は、効果額（＝生活保護費の削減額）が一般的であったと思います。これは、金額という数値に換算することが行政にとって理解しやすく、行政の上層部や議会、その他外部に説明しやすいものであったためだと思います。

　しかし、前述のように就労支援手法を多様化した場合には、例えば、就労意欲の高まり、日常生活習慣の改善、自尊感情の回復、求職活動の開始等、就労に至ること以外の支援結果も多様的なものと

なります(これを、板橋区では支援開始前後の状況改善やスモールステップアップと呼んでいました)。

　この支援結果を前向きな成長や改善であると評価し、本人と共有することが、支援される側の被保護者、支援する側の支援者(行政、委託事業者)にとって必要であると考えました。むしろ、この多様な支援結果を結果として認め、評価することを行わなければ、就労支援手法の多様化によって生まれ得る様々なスモールステップアップを見ることができなくなることになります。そのため、就労支援による日常生活自立、社会生活自立、就労自立における細やかなスモールステップアップの状況(内容、種類、人数、件数)を整理、記録、共有するようにしたのです(＝見える化)。

4．就労支援による想定外の好事例

　就労準備支援プログラム、社会参加支援プログラムにより、被保護者の多様なスモールステップアップを支援することができるようになりましたが、これまでの就労支援の枠組みとは異なる関わり合いの中で好事例につながった機能があります。これらは、プログラム導入当初は想定していなかったものですが、効果的な就労支援への示唆に富んだものと考えるため紹介したいと思います。

(1) セミナー、居場所による緩やかなステップアップ機能

　これまでの就労支援プログラムでは、常に支援する側・される側という構図のみでしたが、委託事業者によるセミナーを通して、何人もの類似の境遇や背景、状況にある方たちが、同じベクトルでの目標を持って、顔を合わせ、対話し、時間や場(空間)を共有しながら、目標達成に向けて取り組んでいくという機会が生まれました。

　被保護者一人ひとりへの個別のキャリアカウンセリングも大切で

すが、ときには、あえて集団を作り、集団の力、相互作用を利用した支援も重要であると気付かされました。

　また、セミナーは、委託事業者の事業所内のセミナースペースで定期的(週4日、午前2コマ、午後3コマ程度)に行われていたのですが、セミナーがないときでも、フリースペースを週5日で居場所として開放していました。フリースペースは、何をしても良い場でしたので、設置されているパソコンを使用しての求人・情報検索、履歴書作成をしている方や、中学高校の勉強をしている方、委託事業者と会話や面談をしている方、居場所内の飾りつけをしている方等、その用途は様々でした。集団が苦手な方や準備セミナーへの通所の習慣づけが難しい方、引きこもりがちで外に出ることに抵抗感のある方等にとっては、このフリースペースがとっかかりとなり、セミナー、その先の就労へ向かうためのステップアップの場として機能していました。

　この居場所があることで、それまでのはたらきづらさを抱えた被保護者にとっては、ゆるやかなリハビリにも似た機会提供となっていたと思います。このことは、被保護者一人ひとりの異なるスタートラインから、はたらくことを目指すことができるようになったということを意味しています。

(2) 複数支援者による支援の更なる効果

　委託事業者は支援者という整理では、ケースワーカー、就労支援員と同じですが、ケースワーカー、就労支援員が福祉事務所職員(行政)であるのに対し、委託事業者は民間事業者という点で異なります。また、指導指示的役割を持つのは、ケースワーカーだけで就労支援員は持ち合わせていません。被保護者からすると福祉事務所職員(行政)であることに変わりはなくその観点では同じに見えることがありました(次ページ・図表6)。

【図表6　本人と支援者の構図Ⅱ】

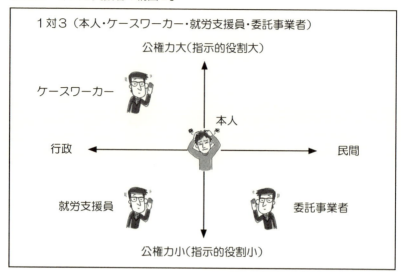

　一方、委託事業者は、専門性を有しているが福祉事務所職員（行政）でなければ指導指示的役割を持ってもいない、それまでのケースワーカー、就労支援員とは異なる特殊な支援者という存在になっていました。福祉事務所（行政）には話せない（話さない）ことも委託事業者へは話したり、あるいは福祉事務所（行政）には見せない一面を見せたり、本人と委託事業者との関係性構築のハードルが福祉事務所（行政）より低かったこともありました。そのため、ケースワーカー、就労支援員、委託事業者、各々の立ち位置やその違いを活かした支援、役割分担、連携を行うことができるようになったのです。

　支援者の整理には入らないかもしれませんが、委託事業者の関わりの中で、次のようなことがありました。

　就労準備支援プログラム、社会参加支援プログラムに参加している被保護者で、就労意欲は高まり、はたらきたい業種も絞り込めていた方（Aさん）がいたのですが、Aさんにとっては未経験の業種であったため、面接の応募に踏み切れませんでした。そのとき、同じく

【図表7　本人と支援者の構図Ⅲ】

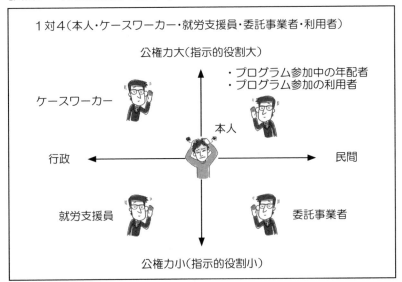

　プログラムに参加中のBさんがAさんに励ましの言葉をかけたところ、面接に応募し見事採用されたということがありました（図表7）。
　実はAさんが目指していた業種にBさんが勤めていた経験があり、Aさんにとっては Bさんが尊敬する先輩のような存在となっていたようで、そのような信頼を寄せている方からのメッセージはAさんの心を揺さぶり、面接に踏み切れたというものでした。
　また別な事例ですが、就労準備支援プログラム、社会参加支援プログラムに参加し模擬面接を受け、面接対策を進めていたのに実際の採用面接では不採用が続き、意欲が下がり始め、セミナーへの参加が滞りがちになった方（Cさん）がいました。そんなとき、Cさんと同時期にプログラムに参加しすでに一足先に就労に結びついて定着支援を受けていた方（Dさん）を、セミナー講師として呼び体験談を語ってもらうという準備セミナーが開催されました。CさんとDさんとは仲の良い間柄でしたが、Dさんの講師としての言葉は、一歩先に行かれてしまったという焦りをCさんに与え、仲良しから

ライバルへの萌芽となったようで、負けん気を発揮するかのように再び求職活動を始め、まもなく就職することができました。

　これらの事例は、どちらも支援する側・される側の関係性ではない、プログラム参加者同士の相互作用の中から生まれたものです。そして、支援者という立場ではありませんが、Aさん、Cさん二人にとっては、信頼を寄せ、仲間意識を持っていた者からの叱咤激励にもあたる言葉は、本人にとっては心揺さぶられるきっかけとなり、指導指示のような強制力ではないですが、重みのある言葉として受け止められたのだと思います。

5．まとめ

　私は、板橋福祉事務所に配属された最初の年はケースワーカーでしたが、2年目の自立支援係の新設に合わせて、同係に異動となりました。ケースワーカー経験が浅い中での異動ではありましたが、「経験差、個人差があり、時に孤立しがちで職人的要素の強いケースワーク業務を、いかに組織的視点をもってカバーすることができるか」ということに福祉事務所における問題の所在を感じていましたので、良い機会と捉え、就労支援（体制）の見直しに取り組みました。

　その見直しは、3つの自立概念の具体化及び就労支援システムの構築（以下の7つの具体的手法①プログラムの再編による支援ツールの充実、②PDCAサイクルの導入による循環型支援、③複数支援者による支援、④自立支援担当職員の設置、⑤研修の体系化、⑥就労支援手法の多様化、⑦就労支援の成果の見える化）という2つの方法により行いましたが、7つの具体的手法を一体的に同時期に推進することができたことにより、一定の成果があったのではと考えます（図表5・70ページ参照）。

　7つの具体的手法のいずれも重要だったと思いますが、中でも次

の2つが両輪のように機能していたことがプログラム活用の浸透、成果の向上への好循環につながったと思います。

1つ目は、「④自立支援担当職員の設置」を通したケースワーカー自身によるプログラムの浸透、プログラム活用と展開、彼らを中心とした就労支援検討会の開催による事例、支援の視点の共有、自立支援の重要性の再確認の場の提供がなされたことです。いくらプログラムの見直しを行っても、活用しなければ意味はありません。また、生活保護行政において突如現れた自立支援プログラムへの懐疑心やプログラム活用へのハードルというものはケースワーカー間でも高かったのです。それをケースワーカー自身による呼びかけ、活用を通じて行うことができたからこそ一定程度の浸透がなされたのだと思います。

2つ目は、「③複数支援者による支援」と「⑥就労支援手法の多様化」による効果、実績の積み上げと、それらを「⑦就労支援の成果の見える化」により可視化させ、職場に共有、フィードバックできたことです。委託事業者を含めた複数支援者による被保護者への関わりや関係性の構築、セミナーや居場所等の多様な就労支援手法による支援、そしてその支援経過（結果）を可視化させることで、ケースワーカーには瞬く間にプログラム活用の良さが浸透していきました。

特にここでの支援経過とは、それまでケースワーカーが就労支援を行いたくともなかなかうまく支援することができないでいた層に対して、就労意欲の高まりやはたらく目的の明確化、生活習慣の改善等により求職活動に踏み出すことができる状態まで持っていくというものであり、そうした就労には至らなくとも被保護者本人の状況改善（スモールステップアップ）をきちんと認め、職場にフィードバックしていくことが良かったのではと感じています。

また、無料職業紹介事業活用プログラム、就労準備支援プログラム、社会参加支援プログラムを受託していた民間事業者が、板橋区

の自立支援プログラムの特性や就労支援プログラムにおける3つの自立概念の具体化、多様な自立概念の尊重といった理念を理解し、理念を区と共有し、支援の具体化をともに行い、実践の積み上げの中での改善を行うことができたことが、成果の向上につながった原動力であると感じています。

　どんなにプログラムの実施要領や仕様書を具体化し手順や内容を文書として固めたとしても、実際に支援を行うのは、委託事業者という団体であり人です。したがって、支援の前提である理念やあり方を共有、共感し、共通認識を持つことが委託事業においては何より重要であると思います。このことは、実際に委託事業者の変更という事態が生じてしまった現在の状況から確信を持っています。

　リーマンショックを契機とした稼働年齢層を多く含むその他世帯が急増し始めた初期の頃は、福祉事務所における就労支援においては、被保護者個人の「就労意欲」の問題に焦点化されていたと思います。求職活動をしてもうまくいかない、求職活動を行うことができない被保護者は、「就労意欲」に課題、問題があるというようにです。

　しかし、就労支援（体制）の見直し、見直し後の実践の積み上げ、ケースワーカーの実践の共有を通して、被保護者本人、被保護者を取り巻く状況を丁寧に捉え、支援の視点、着眼点を豊かにしていく中、被保護者の「就労意欲」に課題、問題があるのではなく、別な課題、問題の結果として「就労意欲」の低下や減退といった現象が生じているのだと思うようになりました。

　例えば、口でははたらきたいと言っているのになかなか行動を起こさない、求職活動回数は多いのに面接までつながらない、せっかく就職してもすぐに離職してしまうといった被保護者がいても、それらの原因が「就労意欲」ではなく、それらは彼らが抱える何らかの「はたらき辛さ」や「はたらくことへの折り合いのつけ方の問題」

の結果として起こっている事象なのです。

　そのため、その背景にあるあらゆる要因や可能性を1つ1つ紐解いていくことが、就労支援においては重要であると今では思うに至りました。

　私は、「経験差、個人差があり、時に孤立しがちで職人的要素の強いケースワーク業務を、いかに組織的視点をもってカバーすることができるか」という問題意識を持っていたことから、就労支援システムの構築を目指すべく、就労支援(体制)の見直しを行いました。

　しかし、プログラムを運用するのはケースワーカーであり、プログラムの支援対象は被保護者であるように、そこには「人」が介在します。そこで、就労支援システムの構築だけでは不十分ですが、より良い就労支援を行うためのきっかけづくり、前進するための大きな一歩にはなったのではと思います。

　一方で、3つの自立概念の具体化については、これがベースであり大切であると認識しつつも、それを行政機関である福祉事務所、行政職員としてのケースワーカーに、どこまで突き詰めて浸透、理解を促していくことができるか、その必要性があるのか、については、絶えず葛藤がありました。

　最後になりますが、私自身、これらの経験を通して「就労意欲」の問題の背景にある、あらゆる要因や可能性を紐解いていくことが、回り道なようで実は近道で最も有用な就労支援に臨む者としてのあり方なのだと思うに至ることができました。このことは、就労支援についての理解を深めることができた結果であるので、次の世代のケースワーカーへしっかりと伝えていく必要があると感じています。

編著者
池谷秀登 帝京平成大学現代ライフ学部教授。生活保護ケースワーカー、査察指導員を経て現職。

著者（執筆時）
中村　健　　新潟市南福祉事務所生活保護ケースワーカー
松倉あゆみ　東京都板橋区板橋福祉事務所生活保護ケースワーカー
野﨑友輔　　東京都板橋区板橋福祉事務所自立支援係

〈公扶研ブックレットNo.4〉
事例から考える就労支援の基礎　～生活保護行政とケースワーク～

2016年7月22日　初版第1刷

編　　著　　池谷秀登
企画・編集　全国公的扶助研究会

発行者　谷　安正
発行所　萌文社（ほうぶんしゃ）
〒102-0071　東京都千代田区富士見1-2-32　東京ルーテルセンタービル202
　　　　　　TEL 03-3221-9008　FAX 03-3221-1038
　　　　　　郵便振替　00190-9-90471
　　　　　　Email info@hobunsya.com　URL http://www.hobunsya.com

印刷・製本／モリモト印刷

©Hideto Iketani. 2016. Printed in Japan　　ISBN978-4-89491-317-2 C3036